上海市重点图书
上海大学创意写作丛书(第二辑)
许道军　主编

作为学术科目的创意写作研究

黛安娜·唐纳利／著
许道军　汪雨萌／译

上海大学出版社
·上海·

图书在版编目(CIP)数据

作为学术科目的创意写作研究/(美)黛安娜·唐纳利(Dianne Donnelly)著;许道军,汪雨萌译. —上海:上海大学出版社,2019.11
(上海大学创意写作丛书/许道军主编. 第二辑)
ISBN 978-7-5671-3726-4

Ⅰ.①作… Ⅱ.①黛… ②许… ③汪 Ⅲ.①学术研究-写作-研究 Ⅳ.①H052

中国版本图书馆 CIP 数据核字(2019)第 236719 号

上海市版权局著作权合同登记号图字:09-2019-300 号
Establishing Creative Writing Studies as an Academic Discipline
Copyright © Dianne Donnelly (2011)
Establishing Creative Writing Studies as an Academic Discipline is published by arrangement with Cultural & Creative Publishing Center of Shanghai University, Chinese Creative Writing Center of Shanghai University and Multilingual Matters

编辑/策划　袁苇鸣　江振新
封面设计　缪炎栩
技术编辑　金　鑫　钱宇坤

作为学术科目的创意写作研究

黛安娜·唐纳利　著

上海大学出版社出版发行
(上海市上大路 99 号　邮政编码 200444)
(http://www.shupress.cn　发行热线 021-66135112)
出版人　戴骏豪

*

南京展望文化发展有限公司排版
江苏凤凰数码印务有限公司印刷　各地新华书店经销
开本 890mm×1240mm　1/32　印张 7.25　字数 162 千
2019 年 12 月第 1 版　2019 年 12 月第 1 次印刷
ISBN 978-7-5671-3726-4/H·377　定价 43.00 元

总序(一)

葛红兵

创意写作学科在中国经历了10多年的发展,从对英美创意写作学科的译介和引进,到面向中国的历史和现实寻找理论与实践资源进行内生性建设及发展;从与创意写作产业结合逐步打开产业视野,到进一步与公共文化服务结合融入原创性社区文化建设,创意写作在中国走过了从无到有,从引进到创新,从教育到与产业、事业联结等过程。正如我在世界华文创意写作大会(2015年,上海)创生时将大会性质定义为"国际华文创意产业界文创人员、职业作家、写作教育者的行业大会"[①],将大会的目标定义为"促进华文创意写作人才的培养,促进华文创意写作作品的培育,促进华文创意写作事业国际影响力的提升,促进华文创意写作人才、作品与创意产业、公共文化服务的联结……推进华文创意写作学科研究及教育教学发展"[②],创意写作在中国诞生之初,就被视作"以创意思维养成为目标,以写作为呈现手段,面向创意产业,培养创意产业

---

① 世界华文创意写作协会.世界华文创意写作大会宣言(2015)[EB/OL].(2015-06-23)[2019-07-06].http://blog.sina.com.cn/s/blog_473d280c0102vipc.html.
② 世界华文创意写作协会.世界华文创意写作大会宣言(2015)[EB/OL].(2015-06-23)[2019-07-06].http://blog.sina.com.cn/s/blog_473d280c0102vipc.html.

原创从业人才及创意事业服务人才的学科"①。从这个角度讲,创意写作学科在中国诞生之初,就拥有比它在欧美肇始更自觉的实践学科定位和社会角色意识,然而,这并不意味着创意写作学科在发展过程中没有经历过波折,未来不会遇到问题,事实可能恰恰相反。

一、创意写作学科中国化发展及问题

创意写作在中国由少数几个高校孤立的试点实验发展到如今近两百所高校的联盟共创,由当初的孤绝而至如今的热闹,其热闹的外观下,实际隐藏着可能更加让人担忧的东西:创意写作正从当初对于传统中文教育来说的革命性反对者,变成了这个立场的另一方向的合谋者。当初,创意写作反对的是中文学科内部文艺理论话语产生话语的"学术机制"、文学史学拘泥于历史而对现实发声无力的"泥古机制";反对的是这种机制的不及物,它与实践脱节,与学生的能力需求脱节。同时,创意写作在中国诞生之初,它就在反对传统中文学科内的某种话语等级结构,在那种传统的中文话语结构中,历史话语高于现实话语,理论话语高于实践话语,古代文学史课程时长是当代文学史课程的8倍,文艺理论课程时长是创作实践类课程的4倍,有一段时期某些高校的中文学科甚至全部取消了创作类实践课程。布尔迪厄曾经指出:"教育社会学是知识社会学和权力社会学的一个篇章,而不是一个微不足道的部分……实际上,它引导我们理解旨在再生产社会结构和心智结

---

① 世界华文创意写作协会.世界华文创意写作大会宣言(2015)[EB/OL].(2015-06-23)[2019-07-06]. http://blog.sina.com.cn/s/blog_473d280c0102vipc.html.

构的机制。由于这些机制在起源和结构上与上述客观结构相关,从而有助于对这些机制真相的误识,并因而有助于认可其合法性。"①传统中文教育体系曾经将学术区隔转化为学术话语等级和教授之间的社会地位区隔,反过来这种对于教授社会地位的区隔的合法化(写作教师当年在传统中文教学体系中是完全没有地位的,处于这个中文学科话语体系的底层,其地位当然也处于底层,写作学甚至没有核心期刊,不设教授职位),"通过在学术中立性掩盖下所强加的认知分类"②,传统中文教育系统再生产了现存的中文学科的社会关系,不断地自我强化着而不是消除了这种学科资源的不平等现状。

创意写作诞生之初,为了打破这种不平等关系,着意建构了另一种关系体系,一种更多地依赖文创产业的外部力量将自己特别定位于"实践领域"的学科。为了强调自己不是传统中文学科体系中的"一员",它甚至不承认自己是另一种中文学科,不愿意自己被那种学科传统收编而"理论化""系统化",拒绝创意写作的元理论研究。为了保持自己属于颠覆者的革命性"他者身份",创意写作重新定位了自己的师生关系,它甚至认为在课堂上,教师是没有地位的,他只是经验稍稍丰富一点的创写活动的组织者,它把自己的课程形式定位于新型的"工作坊"。在工作坊中,要求教师带项目来和学生一起工作,教师可以帮助学生,但不允许高高在上地"指导"学生;在课堂中,不允许教师单纯讲授知识;而要求教师亲身参

---

① 布尔迪厄.国家精英:名牌大学与群体精神[M].杨亚平,译.北京:商务印书馆,2004:8.
② 朱国华.文化再生产与社会再生产:图绘布尔迪厄教育社会学[J].华东师范大学学报(哲学社会科学版),2015(5):181.

与,把课堂变成师生的共同创作实践。在这种认识引导之下,创意写作强调作家教学,大量引进作家型教师,把创意写作变成了师徒相授的经验传承。以上这些在世界华文创意写作协会主办的世界华文创意写作大会第一届年会上,形成了某种共识,且以宣言的形式发布,宣言讲道:"随着中国文化创意产业的发展、中国公共文化事业的发展,创意写作已经成为文化创意产业、事业的基础性力量。"①尽管第一届世界华文创意写作大会,倡导"在高校建立创意写作学科""改革中国高校中文教育教学培养机制,创建中国化创意写作学科,为培养具有现代意识的专业创作人才和具有原创写作能力的创意产业核心从业人才做出更多的工作";但很明显,大会认为这个"学科"是实践性的,它培养的学生也不同于以往,不是文学史家、文学批评家、语文教育工作者,而是创意产业基础从业人员,"要求创意写作学科加强创意写作与文化产业、事业的联结,推广创意写作的社会化"②。由此,我们看到,中国的创意写作学科建设者,实际上是把该学科当作"实践领域"来认识的。

这种思路,也延续到了第二届大会。在第二届大会的会议总结中,我们的总结者这样说道:"未来要在华文作家的作品报告、会员成果发布、创作出版对接等方面加强工作,同时尽可能多地促进华人青年创意写作人才培训工作,让华文创作者有机会接触国际创意写作大师,跟大师一起参加工坊创作,让大会成为原创文稿创作经验交流及名家名作成果发布、创意的产业化转换对接、创意培

---

① 世界华文创意写作协会.世界华文创意写作大会宣言(2015)[EB/OL].(2015-06-23)[2019-07-06]. http://blog.sina.com.cn/s/blog_473d280c0102vipc.html.
② 世界华文创意写作协会.世界华文创意写作大会宣言(2015)[EB/OL].(2015-06-23)[2019-07-06]. http://blog.sina.com.cn/s/blog_473d280c0102vipc.html.

训的多层次共生平台。"①在第二届大会上,与会者呼吁社会应更多地关注创意写作事业;政府和企业应更多地重视文化原创力的培育与提升,吸引、组织文创人才考察经济发展及投资环境,为地方发展建言献策,吸引世界级华文创意大师、专业写作人才利用地方传说、风物进行创作,提高文稿创作水平和影响力,促进地方性题材、作品创作项目立项,等等。也是在那届大会上,创意写作学科界请来了作家、企业家等,还邀请了阅文集团加盟,这让创意写作和生产联结。那年,除了高端研讨活动之外,我们还在上海市文化发展基金会的扶持下,组织了华文创意写作周活动,请来了作家、企业家,组织了作品发布会、研讨会,试图"打造中国创意写作界自组织平台,开发世界性华文创意写作文化品牌活动,促进世界华文文化创意产业原创力提升,原创作品的创作和原创人才的培养"②。今天看来,第二届大会提出期待社会认可创意写作,期待创意写作走出校园,走出课堂,与广阔的社会生活结合的设想与呼吁,依然是有其现实价值的。即使是在今天,虽然创意写作学科被教育界认可已经是不争的事实,但是,教育部依然没有承认创意写作的独立学科地位,创意写作教师面临学科地位不被承认,申请课题没有学科口径,发表论文没有核心期刊阵地等问题依然存在。创意写作若要得到社会的广泛认可,创意写作界需要做的工作还有很多。创意写作也的确需要走出校园和课堂,去证明自己的产业前景和在公共文化服务事业上的力量,证明自己在创新中国战略中不可

---

① 世界华文创意写作协会. 世界华文创意写作大会宣言(2015)[EB/OL]. (2015-06-23)[2019-07-06]. http://blog.sina.com.cn/s/blog_473d280c0102vipc.html.
② 世界华文创意写作协会. 世界华文创意写作大会宣言(2015)[EB/OL]. (2015-06-23)[2019-07-06]. http://blog.sina.com.cn/s/blog_473d280c0102vipc.html.

忽略的地位和价值；的确，中国正由生产型大国、服务型大国向创新型大国和创新驱动型大国转型，在这个过程中，中国需要全新的创新战略，不仅仅是要把科技创新看作生产力发展的核心要素，也同时要把文化的创意创新当作生产力发展的核心要素；在这个过程中，创意写作作为其核心底层支撑性学科应该受到更多的重视和认可。

但是，要求创意写作学科直接走向社会，和社会联结，直接成为某个"实践领域"，直接培育作品、推动作品出版和改编，直接组织作家和企业对接，组织面向产业和事业的创作及创作服务活动，用这个来证明自己的地位和价值，其实是走岔了路。

现在，回首四年前的呼吁，我们发现那时呼吁创意写作学科要走出校门和时代生活结合，和创意产业结合，提高传统中文学科的实践性，在培养学生基础素养的同时培养学生的从业技能，这些都是适逢其时而又具有前瞻性的。这些年来，中国高校创意写作学科的创生已经成了不可否认的事实，中国创意写作学科已经由部分高校的实验性探索发展成了全面开花的高校中文教育改革行动。但是，创意写作学科对自身的学科定位认识应该说是有一个过程的，其理论探索也是逐步发展起来的，到第三届世界华文创意写作大会时，大会的组织者就提出了"建设中国创意写作教育教学体系，建构中国化创意写作学科高地"的大会主题。大会与中国高等教育出版社合作，把建构中国创意写作教育教学高地当作主题，讨论了创意写作教育教学方法的研究和推广问题。在这届大会中，创意写作学科界惊喜地迎来了很多中学教师、小学教师，迎来了近两百所高校代表，创意写作已经不仅仅是部分高校的实验，而是拥有数百学校共同参与的一项重大行动；创意写作不仅仅是高校的探索行为,同时也是在逐步向中学和小学渗透的全民教育行为;它把创意放在第一位,把写作看作创意实现的基本主张,它把人人可以写作、写作可以教授的主张带向了更加广阔的层次,正把创意教育推向更加广泛的教育领域。值得注意的是,第三届大会对创意写作学科超速扩张提出担忧,大会总结性发言中,总结者提道:"我们的基本理论研究、基本实践实验,我们对创意写作能力评估、潜能激发,创意写作中的分体写作方法,创意写作与产业及文化公共事业的关系的研究,等等,还刚刚起步,尤其是创意写作教育教学方法论的建构,我们还没有脱离向海外学习的阶段,甚至,我们向海外的学习还不够,我们的中国化研究更不够,这个时候,创写学科的超速发展就让人担忧了。"

我们可以看到第三届大会的主题反而定得比较小,专心研究创意写作教材和教法,大会在主题发言阶段、圆桌会议阶段都展开了激烈讨论,还专门开设了创意写作示范课及示范课讨论,专门讨论教学法。我甚至认为,第三届大会是一届中国创意写作教育教学法的大会,它标志着中国创意写作学科摆脱了在教育界由寻求创生和对创生的认可的路线,走向学科自觉甚至反省。

二、学科合法性及基础理论难题

创意写作学科自在美国诞生以来,一直是在质疑中发展的,很多内部理论问题,一直没有得到很好的厘清,没有产生完整的系统的学科共识。在中国,创意写作学科也面临着类似困境,因为在中国,创意写作学科是在跟文学非产业派、创意产业非产业派、创意写作学科非学科派的斗争中成长起来的,其特殊的成长史,使得中国的创意写作学科在诞生之初处理这些问题时表现出了偏于一边倒的情况，而产生了其特殊的困难。但是，创意写作学科，其实是不可能回避这些问题的，它必须直面自己的内部理论困境：① 如何理解学科的理论属性和实践属性及其矛盾关系，这事关学科的基本定位；② 学科培养人才的目标的内在矛盾：教导创作共性和创作需要个性之间的矛盾，这事关学科存在的价值；③ 学科奠基于创意思维（创造性思维、批判性思维）还是奠基于写作技能的矛盾，这事关学科存在的基本途径；④ 学科精神的矛盾，面向产业的市场精神和面向创作者个人的精英精神的矛盾，这事关学科存在的价值观选择。

创意写作学科的对象是什么？它的逻辑起点、中介、终点在哪里？它的学科本质论、认识论、方法论如何展开？这些都需要我们研究创意写作学科基本原理、创意写作学科发展史、创意写作学科中国化方法、国外创意写作学科研究、创意写作教育等。

也有学者认为，写作学既已存在，又何必单独设立一门创意写作学？创意写作学不能以原型的独立形态被纳入中文学科体系，历史地看写作学在部分高校的学科目录中的确是存在过的，它可以涵盖创意写作学。然而，创意写作学作为严整而完备的科学体系和学科体系，有其自身的内在逻辑结构，是整体化的、内部各方面有机联系的、揭示创意产业背景下写作及写作活动的本质的体系，这是传统的在非创意产业背景下产生的"写作学"所做不到的，更是无法包容的，两者对写作本质的理解是不一样的。创意写作学把写作的本质理解成是产业、事业及思维；而写作学把写作的本质理解成是个人性的语文和修辞技能，设立创意写作学学科是有创意产业作为客观依据及现实基础的。涉及传统写作学和创意写作学的学科地位之争,我甚至认为,结论应该是相反的,应该是创意写作学包含传统写作学,而不是传统写作学包含创意写作学,我们不应该囿于传统和现状,相反应该立足现实,放眼未来。当然,不管如何,设立创意写作学一定会使现有汉语言文学学科建设面临新的困境与挑战。创意写作学既是创意产业(或者更窄一点——文学产业)重要指导思想的来源及规律的揭示者,又是二级学科(狭义的创意写作学),它涉及重要的产业实践领域,其研究和传播必须符合国家产业政策,视野必须拥有创意国家的口径①。广义的创意写作,往往与广告、影视、文学创作、文学的社区化服务等混为一谈,广义的创意写作研究的视野、内容过于宏大,而且重大理论创新和突破,往往由政府政策来决定(例如文学产业中数字出版的许可政策等),学界似乎应该退而求其次,追求创意写作的狭义理解,建构狭义的创意写作学。

"创意写作"一词,通常有几方面的含义:首先是指个人创作实践;其次是指国家层面的产业实践,即为实现个人和团体创意创作成果而进行的产业活动及其成果;再次是指社会层面的公共服务实践;最后是指思想,即指导这些实践、为建立和发展新型创意(写作)产业、创意(写作)事业做论证的思想理论。它是个人的,也是社会的;是产业,也是事业;是个人的精神高标,也是世俗社会的消费娱乐。我主张,"创意写作"主要就是指思想理论体系;"科学创意写作学"的产生,是相对于"传统写作学"而言的,它奠基于创意产业尤其是文学创意产业之上,成为科学,就是要求人们去研究

---

① 葛红兵,高翔."创意国家"背景下的中国当代文学转型:文学的"创意化"转型及其当代使命[J].当代文坛,2019(1):105.

它;它的概念的内涵与外延不能泛化,而是要狭义化,要奠基于其本源性的研究范围——个人性写作与社会化创作实践,建构结构化的理论体系。

从2008年开始,十余年来,创意写作学从无到有,近年越来越成为一门显学,有其独立的研究对象、学科定位、基本范畴和理论体系,而且从第三届世界华文创意写作大会开始,中国创意写作学界就提出了"中国化"问题。实际上,中国创意写作学理论体系是国际创意写作学基本原理同中国文学创意写作实际和时代特征相结合的产物,是以人类写作活动的世界性历史经验和规律作为研究范围,总结其历史规律,从而揭示发展趋势,能对创意写作实践构成指导意义的总括理论,也是与中国现实结合而产生的理论。它的各种理论难题和悖论都要在这个基调上加以解决。

(1) 我们认为狭义的创意写作学应该是理论形态的,它的理论性毋庸置疑,尽管它是实践性非常强的学科,但是,这并不能掩盖其理论性,甚至,对于当前的社会需要来说,其理论的自觉定位相较于实践探索,还显得更为重要。

(2) 创意写作学要研究学科共性规律,要把科学性放在首位。任何创造都是个性化的,但是,产生创造的过程和必然产生创造的机制却是共性化的,不能因为创造需要个性化而掩盖学科研究共性规律的本质。创意写作学不是要把每一个人的创作当作个案来研究,研究其个性化特征,相反是要把个人性的创作当作普遍规律的抽样样板来研究;它不反对个性,相反锻造个性,但是,它强调创造个性的过程和规律是有共性基础的。

(3) 它奠基于人类创意思维的共性研究,但是,也绝不把这种研究神秘化,它坚信创意思维的科学规律是可循的,而这种规律的发现对打造创意技巧是有直接指导意义的,对相应的创意实践(creative practice)也有帮助作用。

(4)它应该坚决反对矮化产业,片面强调个人文学创作和写作创意的精神性的看法。产业化并非必然地让文学创意创作变得没有精神,相反有精神的文学创作也并非必然地不能产业化,它也同时强调,要把文学创意创作放进国家创意机制系统和公共文化服务体系中去研究,片面的个人的精神性的高蹈是反学科的,只有有背景限定的共性研究才具有学科意义。

创意写作不是经验之学,创意写作学也不可能作为纯粹的经验之学而存在。创意写作学是科学,创意写作学要加强"人人可以写作,但写作能力需要培养"等基础原理的研究,建构自己逻辑自洽的理论话语体系,加强国别经验研究的同时将之历史化,完成学科史话语建构,强化中国问题意识,建设中国学派,同时要特别重视教育教学研究。如此,才能在历史发展中汲取养料,在不断发展的中国现实中提取实践经验,在不断的理论探索中解决自己的理论悖论,走出理论困境,找到自己的学科合法性和健康发展之路。

三、创意写作学建构:创作之道与应用之道

工作坊制教学在创意写作领域方兴未艾,世界华文创意写作大会第三、第四届大会都有专门的主题讨论和教育教学实验活动专场,两届会议都开设了创意写作工作坊教学讨论单元。很多高校都要求教师把真实项目带进课堂,甚至要求学生直接在网络文学创作平台上完成作业,这种课堂训练,对于学生寻求创意写作技能的运用之道,把学习创作之道和运用之道直接结合,让课堂和产

业直接接轨具有实际意义。它不仅明确在课堂上除了教给学生基础素养,还直接培养职业技能,这对传统汉语言文学教育教学来说,是有革命性意义的。但是,这样的课堂,对于创意写作学科来说,到底是高标还是低标呢?如果把创意写作看作一个实践领域,而不是一个学科,这样的教育教学策略应该是高标;但是,创意写作不是经验之学,创意写作学也不是职业培训学,创作之道和运用之道,并不能完全画上等号,在应用之道之外,创意写作学要做的还有很多。

创意写作是为文化创意创新实践提供基础支撑的领域之一,创意写作学则是一门综合性的人文社会理论学科,创意写作学以创意写作为研究领域,但是,这不等于说,创意写作学就天然地拥有了自己的研究"对象"。如何规定创意写作学的研究对象呢?我主张,创意写作学,其学科的研究对象应当是——当前生产力和文化发展条件下人类以语言为媒介的原创力的养成及实现规律,特别是要深入研究中国特色文化创意产业及事业制度下创意写作的活动及发展规律。我之所以主张创意写作学科的研究对象是当前生产力和文化发展条件下人类以语言为媒介的原创力的养成及实现规律,是因为当前这既是创意写作学研究的逻辑起点,也是其逻辑终点,只有这样的对象才能成为一个学科的"对象"。

为什么这么说呢?其实,一切人文社会科学的根本目标都是人的解放,说到底都是以人为本,克服人的异化,都是为了达到人的自由而全面发展的理想境界;但是,各个学科自身又有自己独特的对象,这个对象规范了学科的存在,规范了该学科的基本范畴、基本原则、重要原理,并且因之而能建构符合历史与逻辑高度统一的学科体系。对于一个学科来说,其逻辑起点应该是"构成研究对象最直接和最基本的单位",其内涵贯穿于理论发展的全过程,其范畴有助于形成完整的学科理论体系。我主张,把"人类以语言为媒介的原创力的养成及实现"作为创意写作学学科的逻辑起点,是因为其中蕴含了以"文明对人的原创力的压抑"为切入点的研究,可以分析人的原创力的本质与特性、人的可能原创力及现实原创力;在"人的解放"和"人的发展"的视阈中研究当代文化,尤其是教育文化、产业文化的矛盾,研究人的原创力解放问题,研究人的可能原创力向现实原创力转化的可能途径与方法,论证"人人能创造""人人能写作"的人的原创力图景;在全面建设中国特色创意写作教育及创意产业实践进程中,最终实现"人的原创力自由而全面发展"的目标。

创意写作学科拥有自己的本质论观念及其体系,由此,在学科方法上,片面地反对演绎法,反对学科原理原则推导法等都是不对的。学科对人的创造性"本质"的认定,对"人人能创造""人人能写作""写作可以教"等原则的认定,对学科通过下定义来分析创意、写作、创意写作等的内涵和外延,丰富和明确自己的基本范畴系统,研究创意写作原创力的各个方面,进而讨论原创力养成和实现的各种途径,指明"人类以语言为媒介的原创力的养成及实现"的可能性,等等,是具有奠基意义的;进行系统的理论演绎,让其本质论开花结果,形成学科理论体系,也是学科建设的应有之意。在学科方法论上,创意写作学不应该变成心理学、教育学及其附庸,也不应该在这里变成传统的以修辞为核心的写作学、行为管理学及其附庸。尽管它不反对借鉴其他学科的理论和方法,创意写作学的学科方法,当然应该包含由下往上的归纳法;但是,由上述分析可见,它绝对不应该仅仅把自己局限于经验归纳,更不应该仅仅局限于人类传统的所谓"写作"经验的归纳,而应该自觉地把自己上升到"人的原创力实现"这个理论的高度。同样的,创意写作学科也应该拥有自己的认识论体系,我已经注意到近年部分博士论文在创意写作学认识论上已经有所突破,引入了"灵性"等概念,这就突破了机械反映论的局限,突破了传统的关于"灵感"的模糊而又神秘主义的见解,我们不应该因其具有一定的"心灵主义"倾向而否定它,相反应该肯定它的探索①。

遗憾的是,尽管创意写作学在西方已经诞生一个世纪,但是,由于一直存在着对学科性质的认识偏差,世界范围内目前创意写作学的状况是有自己的学科史,而没有自己公认的权威的学科理论体系,也许这正是世界创意写作学发展留给中国学者的任务。

上海大学创意写作研究丛书第一辑由我主编完成,第二辑由许道军先生主持邀约新一代研究者分头完成,相较于第一辑的筚路蓝缕,第二辑显然已经展示了创意写作学中国化建设的大概样貌,是非常重要的成果。丛书展示了近年中国创意写作学界在创意写作理论研究、创意写作史研究、创意写作教育教学研究、创意写作能力激发研究等领域的进展和抱负,尽管这些研究还有粗浅的成分,还有不成熟的成分,但是,我认为作为青年学者的尝试,它们都是值得肯定的,希望丛书的出版,能将创意写作学的中国化建设引向深处。

---

① 雷勇.创意写作学的创意理论及方法研究[D].上海:上海大学,2017.

总序(二)

许道军

创意写作是什么,它是一门怎样的学科,写作是否可以学习,作家可以培养吗?从未有这样的一个学科像创意写作这样,从创立到现在,一百多年来仍争议不断。更令人沮丧的是,它明明在实践中证明有效,在现实中广受欢迎,在世界范围内大行其道,但就是"麻烦缠身",而且,这些"麻烦",是如此低级。如《纽约时报》(2012)描述的那样,这样的大争论,在美国每隔二十年就要重来一次。

这是什么原因呢?这是因为,创意写作是一个特殊的学科,重实践轻理论,正如黛安娜·唐纳利(Dianne Donnelly)描述的那样:"创意写作一直是这样的一个领域,它避开了学识问题。"[1]一方面,它一直作为事实上的学科存在,但又在学科理论、学术研究等方面准备不足,相对于其他学科,这方面的工作与成果非常少,长期以来作为学科和学术的异常而存在。创意写作已经有了相当长的历史,但是,"创意写作是什么""创意写作为什么可以教""创意写作为什么可以学"等问题,却一直没有得到根本解决,正如格雷戈

---

[1] DONNELLY D. *Establishing Creative Writing Studies as an Academic Discipline: New Writing Viewpoint7* [M]. Bristol, UK; Tonawanda, NY: Multilingual Matters, 2011: 1.

里·莱特(Gregory Light)所说:"虽然创意写作作为正式的学科在英国和美国高等教育体系中存在已久,但其自身的学科视阈却仍未完全设定。"①另一方面,一百多年来,创意写作经历了走出校园深入社区、走出美国落地他国、走出文学写作走向包容性写作等改变,在发展过程中,衍生出不同的目标和发展模式,而且仍旧处在生长中,正如史蒂夫·梅尔(Steve May)所指出的,创意写作是一个年轻的学科,它在不同的地区、不同的机制内以不同的方式发展自己,并且拥有多样的目标,导致我们对它的认识难以统一。

　　创意写作和创意写作研究是两个迥然不同的领域,但创意写作遭遇的尴尬处境却由创意写作研究不足引起,两者原是一条绳上的蚂蚱。创意写作要得到理解和尊重,它就要放下架子,不要因为自己"野蛮生长"就认为可以故步自封,以为不要理论、不要研究也行。同时,要展开创意写作研究,既要从考古学上溯根求源,了解它的产生背景、针对问题、发展轨迹,也要在学科特性上,综合考察它的文学、写作学、创意学、教育学、心理学、社会学等多重属性;既要在全球视野上,考察它历史上的存在状况和当下包括美国在内的实际存在状况,也要以发展的眼光,考察它未来可能的态势;既要研究它的创作规律、创意规律、创作教学规律、学科制度、学科方法,也要研究创作心理、接受心理;既要确定它的研究对象、研究方法,也要形成自己的研究方法;既要紧贴实践,也要建立自己可辨识的学科规范,成为与作文研究、文学研究肩并肩,并且能与其他大学研究有差别但又平等的学科,进而完整回答"创意写作是什

---

① LIGHT G. *From the Personal to the Public: Conceptions of Creative Writing in Higher Education*[M]//Marginson S. *Higher Education*, Amsterdam: Kluwer Academic Publisher, 2002: 259.

么""创意写作为什么可以教""创意写作为什么可以学""作家为什么可以培养""如何系统化培养""创意写作的职责是什么"等一系列问题。但对于中国而言,我们还要研究创意写作该如何落地生根,如何中国化,如何对接已有的传统经验与诗学,向世界创意写作贡献自己的智慧,并形成创意写作的中国学派。

我们一直在尝试推进这项工作。2012年上海大学推出了"上海大学创意写作丛书(第一辑)",包括《创意写作:基础理论与训练》《创意写作:虚构与叙事》《创意写作的兴起:美国战后文学的"系统时代"》,前两部是专著,后一部是译著,主编是葛红兵教授。第一辑虽然存在这样那样的不足,但译著却第一次打开了美国创意写作的历史发展的窗口,揭开了创意写作的神秘面纱,两部专著也对接了世界创意写作的研究,同时加入了上海大学以及中国本土探索经验,因此它推出后,受到很大关注。七年过去了,上海大学的创意写作探索又向前迈进了一步,中国创意写作的发展也远非昔日可比,创意写作研究也正在深入,在这个背景下,我们推出了"上海大学创意写作丛书(第二辑)"。

该丛书一共五本,包括一部译著,三部关于创意写作学科史、学科方法与学科理论方面研究的专著,一部创意写作教学探索的课堂复盘。译著《作为学术科目的创意写作研究》(*Establishing Creative Writing Studies as an Academic Discipline*)作者黛安娜·唐纳利,译者许道军副教授、汪雨萌博士。该专著首次将"创意写作"作为规范的"学术科目",在学科视野中,主要结合文化研究和文学研究的学术方法厘清了"创意写作"(Creative writing)与"创意写作研究"(Creative writing studies)的区别,明确了创意写作研究的领域与对象,探讨了创意写作的实践与方法等问题,提升了创意写作研究的理论水准,为走出创意写作重实践轻学术、"回避学术"倾向做出了重大贡献。《创意与时代:美国创意写作史专题研究》是国内首部关于美国创意写作史研究的著作,作者高尔雅博士。著作围绕百年来美国社会对"写作能否教""写作如何教"的论争,论述了美国创意写作的发生发展史,勾勒了美国创意写作的学科发展轨迹,揭示了创意写作的内在运行机制及其与社会发展的交互作用和时代意义。"创意"是创意写作的灵魂,《创意写作的创意理论研究》的作者雷勇博士从写作的创意本体论角度出发,围绕创意本质、创意过程、创意障碍、创意动机、创意思维和创意灵性等六个方面,剖析创意的丰富内涵,在创意写作范畴下尝试初步搭建"创意理论"的学术分析和研究体系,回应"创意是什么""创意有何规律""如何创意"等问题。《创意写作基本理论问题》是国内第一部创意写作基本理论问题综合研究的专著,作者刘卫东博士。著作包括创意写作本体论、创意写作发生发展论和创意写作实践论三个部分。第一部分在梳理创意写作发展历史上代表性的概念和定义的基础上,探讨了创意写作的本体与本质。第二部分立足于创意写作的发端、发展历史的考察,描述了创意写作面向文学教育、文化产业和文化创新的立体发展图景。第三部分在考察联合国教科文组织授予的"文学之都"案例的基础上,勾勒了创意写作从工作坊、产业社区、创意城市到创意国家的四位一体的实践路径。《创意写作十五堂课》是许道军和冯现冬二位副教授的课堂的文字复盘,作者亦是上述二人。著作精选的十五堂创意写作课程,涵盖故事、小说、影视、非虚构、自由诗和创意文案六种基本文体,尝试从原理、技巧和工坊活动三个方面,复活创意写作课堂真实概貌,同时加以文字与理论的整理,保留现场的生动活泼和学术的丰富严谨,以此在实践上探讨"创意写作如何教"和"创意写作如何学"等问题。

五部著作各有侧重,各有特色。译著在内容上创新,提供了宝贵的信息资料和方法论启发;三部专著在学科历史、理论与方法上进行了很多探索;《创意写作十五堂课》则更多地聚焦教学实践,基本上搭建了创意写作的学术框架。尽管这套丛书无论是学术探索,还是教学探索,都有许多需要商榷与进一步研究的地方,但是这种大胆的探索,仍然值得肯定,尤其是四位年轻的博士,更需要鼓励,因为无论是在世界范围内,还是在中国,都特别需要年轻学者投身于新的学术领域。投身于新的学术领域,有时候意味着冒险,甚至意味着牺牲。

丛书虽然称作"第二辑",我们仍旧相信,它依然只是开始。同时我们依然愿意做"抛砖引玉"中的那块"砖",呼吁更多更深入的研究涌现,共同促进中国乃至世界创意写作研究的发展。

2019 年 2 月 17 日

目 录

前言 创意写作研究的兴起 1
    一、创意写作/创意写作研究的学科地位 5
    二、创意写作研究——从哪里开始？...... 7
    三、作为学术科目的创意写作研究的创建 12

第一部分 创意写作教学法的分类 1
    一、意义的定位——多方面的方法 8
    二、批评理论的定位 11
    三、客观理论：新批评 13
        （一）历史溯源 13
        （二）教学实践 15
        （三）文本作为语言形式 15
        （四）新批评方法在教学上的简便性 20
        （五）将文本作为最高权威进行评价 22
        （六）社会学视角：通过拉康的镜头 28
        （七）新批评理论：最终结论 33
    四、表现主义理论 34
        （一）历史溯源 34

（二）教学实践 39
　　（三）发现与灵感 40
　　（四）表现主义工坊 42
　　（五）如何处理浪漫迷思 43
　　（六）社会学视角：通过拉康的镜头 46
　　（七）表现主义教学法：最终结论 52
　五、摹仿论的模仿功能 54
　　（一）历史溯源 54
　　（二）教学实践 54
　　（三）社会学视角：通过拉康的镜头 57
　　（四）摹仿论：最终结论 58
　六、实用主义读者反应理论 58
　　（一）历史溯源 58
　　（二）教学实践 59
　　（三）如何将读者反应理论带入创意写作课堂 62
　　（四）读者反应意识教学 63
　　（五）读者反应策略教学 65
　　（六）社会学视角：通过拉康的镜头 67
　　（七）读者反应理论：最终结论 68

第二部分　写作工坊模式 71
　一、一份工坊调查 74
　二、工坊模式界定 77

三、工坊模式研究 79

　　四、工坊的历史如何影响我们的实践 85

　　五、认知与实践 93

　　　（一）我们的学生 93

　　　（二）对我们的批评 99

　　　（三）我们的教师 100

　　　（四）工坊教学法 102

　　　（五）灵活的工坊模式或开放的选择空间 104

　　　（六）我们的传承或传说 112

　　六、建立专业的独特标志 117

　　　（一）阅读案例和工坊独特标志 118

　　　（二）写作案例及其独特标志 123

　　　（三）反馈案例及其独特标志 125

　　七、创意写作研究作为知识的案例 132

　　　（一）创意写作研究和知识的已知部分 133

　　　（二）创意写作研究与知识的未知/求知部分 140

　　八、工坊模式：最终结论 141

第三部分　创意写作学的学术起源 143

　　一、对空间、区域以及权力的控制 148

　　二、创意写作研究的学术起源 149

　　　（一）创意写作研究与文学研究 149

　　　（二）创意写作研究和文化研究 152

- （三）创意写作研究和独立写作项目 153
- （四）创意写作研究和作文教学研究 156
- （五）创意写作研究的学术起源 163

结论　创意写作研究的合理性 166

参考文献 171

致谢 187

译后记 189

前言　创意写作研究的兴起

创意写作又一次站在了自己领域的十字路口。

一条路通向研习课程,关于其实践历史和理论或许都未形成自觉的"学科"。因此,"创意写作教师们,无可避免地要被这个学科理论和实践的种种问题纠缠"(毕肖普,1992a)。事实上,已有人指责创意写作是"一块最缺理论化,并且就此而言,在整个璀璨的英语文学研究体系当中最抱残守缺的领域"(哈克,2000:49)。我们只需要关注它的历史先例就可明白这些话语的言外之意。另一条路则通向创意写作研究,一个新兴的学术探究领域。作为学术科目,它致力于创意写作的教育教学研究。

或许有人会说,创意写作在历史上已经多次在自己领域的十字路口徘徊。例如,它曾经促进文学以自身为目的发展多年,直到战后计划的扩张和入学人数的增加,才打断了这个进程。在 20 世纪 80 年代,大学赞助人的津贴和国际艺术捐赠中心(NEA)的资金使得当时产生的教学岗位是今天就业市场的三倍,创意写作促使产生了大量的作家和教师,这个进程直到 20 世纪 90 年代才结束。今天,创意写作再一次站到了岔道口——就业市场不再跟创意写作的发展同步了。

在创意写作发展历史上,它一直是一个回避学术研究的领域。直到今天,创意写作仍然迷信作家的神秘感并认为要想教好创意写作，就必须雇佣成功作家作为写作教师。总体来说，创意写作一直把工坊作为自己的标志性教学法（注释1），并以此为学科基础——尽管我们现在也开始在工坊里尝试新的活动。

虽然学生人数显示创意写作与英语文学研究领域中其他学科平起平坐，且正如艾伦·塔特所言："就时间而言，创意写作已有不少年头"（1964：181），它还是又一次陷入了前路在何方的困境。之所以如此，是因为它在某种意义上是"学术的异类"（塔特，1964：182）。它备受本科生欢迎，但无论如何，它又是一门不遵循与它相近的文学研究和作文教学研究有相同研究要求（或研究方法论）的学科。作为一门学科，在相当长的一段时间里它一直作为文学研究的分支而被打上碎片化的烙印。它缺乏学术身份的支撑，自己又故步自封，这些因素长期以来一直阻碍它获得学术中心地位。

创意写作研究并不只是为支撑创意写作这个学科而存在，它还欢迎那些能揭示新理论的知识分析。这些理论对创意写作作家的阅读、写作和反馈都有重要的教育启示和洞见。

事实上，作为拥有自身身份和学术知识的必要步骤，创意写作研究认为它的那些"专业独特标志"（莱特，2001：208）能将它与作文研究及文学研究领域区分开来。创意写作学科将创意写作作为知识来考察，其实践者认为对写作过程的研究和揭示，对创意写作教学的可操作性具有重要意义。创意写作促进了作家型教师的引进，这些作家型教师通过学术生产和多种教学法的使用进一步推动了学科领域的发展。

创意写作与创意写作研究是两个迥然不同的研究专业，尽管它们在某些地方存在交叉，但他们之间根本的区别在于调查和研究的方向。创意写作系的课程设计是为了继续（和计划继续）为那些想提高写作/阅读技巧和改进创作中的作品的学生提供有用的写作与阅读技巧；而创意写作研究，则是一个从创意写作中分离出来的正在发展的，有其独立学科轨迹，反思自己的教育和学术并转变了教育目标的领域。在其初创阶段，创意写作研究必须以充分发展并完全形成独立的学术科目为目的，进行内部的调查和研究。它必须建立自己独特的专业标志，培训具有专业研究技能的新教师，并能够将其学术技能传授给新的专业学生。创意写作研究的学术目标是能与作文研究、文学研究并肩，成为与其他大学学科平等且独立的专业学科。

　　本书为提升创意写作研究为一个学术研究科目而鼓呼，它将探究创意写作的历史，其作为首要实践的工坊模式及此学科的主要教学实践。通过对这个领域教学和历史的探究，期望为创意写作研究的发展做出些微贡献。本书内容包括一份对本科创意写作教师的调查、此领域的学术成果以及揭示了新教学理论的教学法实践。书中展示了一种更有生命力、更灵活和更智能的工坊模式，使我们对教学实践的理解产生自觉，从而影响我们的教学目标和课堂动力，最终为学术、为专业和多元化的学生群体提供更多意义。

　　在教学层面，本书介绍了能满足各个层次创意写作学生学习需要的课程和项目，并指出了对教师（包括研究生教师）进行教学法与教学历史岗前培训的重要性。这些讨论的主要意图是将创意写作研究引向未来，并界定它的学术范畴。

　　本书在结构上分为三部分。第一部分探讨了创意写作的各种教学实践活动。以艾布拉姆斯的作者、作品和读者"三角模型"为基础，我将新批评、表现主义、摹仿论和读者反应理论定性为创意写作课堂的四种主要教育理论，这几种理论都聚焦于教师在写作教学中的权威属性和地位。在这一部分，我们将在教学策略及其影响的范围内——包括某些案例中，它在英语文学系的孤岛状态——探索影响学科实践的历史先驱。当我考察这四大教学法的历史先驱及教学实践时，我发现，运用拉康理论可以有效理解教师和学生关系以及学生身份和他们对写作指导的反应。在这一部分，我注意到教师们经常对他们实践活动的理论依据毫无自觉，或者拒绝改变例行的教学模式。而且，他们会不自觉地在课堂里用一种教学模式来教学，又用另一种教学模式来评估学生的作品和写作表现，因此常使学生感到困惑。所以在这里我要提出四个类型的教学实践分类法，以便——视情况而定——教师们重新考虑或调整他们的教学目标，学生的学习目标也会更明确。

本着将创意写作提升为一个学术科目进行研究的目的，第二部分考察了工坊模式的历史和当下实践。工坊作为与创意写作实践等义的概念，经常被那些指责它缺乏活力和智能的批评蒙上阴影。工坊模式的功能引发了关于其有效性以及学生意愿、准备和努力的种种质疑。我认为，尽管该模式依旧是创意写作的首要教学法，但部分教师事实上正在改变和扩大这个模式的形式，跨学科引进了表演艺术、数字技术、影视艺术及其他创意艺术。作为为创意写作作家教授新技巧和启发新创意的重要部分，本章勾勒了从本科生到研究生各个层次的课程和项目设计。此外，创意写作学生在工坊实践活动中的阅读、写作和反馈途径，建构了创意写作的显著身份标志，因此，本书第二部分倡议将创意写作研究作为一个独特领域。

本书的最后一章探讨了创意写作研究的学术根基。当下创意写作在英语文学专业的边缘化地位及其与文学研究、文化研究、作文研究可能会出现的学科融汇，或者作为一个独立写作系统的组成要素，诸如此类或都是研究对象。最后，我将创意写作研究定位为与文学研究和作文研究并立，并在教学法和系统化上拥有自己身份和学术内涵的坚实实体。

一、创意写作/创意写作研究的学科地位

当我们在谈到创意写作作为一种专业的写作教学法、作为一个学科和作为一个研究领域的合法性的时候，它意味着什么？我想为此奠定一些基础。尽管教学被普遍看作是一种专业工作的"形式"，需要大量的专业知识（塞克斯等，1985），"专业"这个标签依旧被认为只有具有很长历史的学科才可以拥有，例如法学、医学和神学，而其他可能顶多被认为是"职业"的形式，虽然雄心勃勃，但抵达专业学科地位的过程却漫长而艰辛。不少教育政策倡议专业化教学的改革，但据称，作为教育者的我们并没有实现"专业化"——教育仍然是一项"职业"，尽管我们中的很多人已经将教育看作是一种"专业"。我认为，"专业"这个词语数十年来在大学校园和各种会议中的广泛使用，为我们提供了一些将创意写作教学作为专业的非官方列席权利。然而，这些未经正式认可的立场也说明了创意写作教学并不能与拥有统一标准的专业相提并论。

作为一个学科或者研究领域，创意写作已经能够通过专业化的学术体系、相关的专业组织、会议和出版物要求在英语文学系占有一席之地。最重要的是，创意写作是一个正在发展中的、与艺术及创作行为相关的专业实体。创意写作的前身部分来自作文研究

和文学研究理论与实践的结合，因而创意写作实践在今天仍然深受其影响。尽管创意写作在认识论上源于此，它仍然是由独立于写作研究和文学研究之外由同时作为作者和读者的创意写作者引导的实践所构成。从很多方面来看，创意写作都是一片欣欣向荣的领域。

不过，创意写作学科在研究生职业训练，包括教学人员配备、精细化研究和学术成果方面都有所短缺，而其从业人员也对本可指导其实践的学科历史所知甚少。从根本上说，我们应致力于学科的理论化以支撑学科从业人员的实践活动。许多学者经常非难创意写作，其前提是创意写作并非一个真正进行调查研究的领域，因为写作一般不被看作是一种研究方法。"写作通常不被看作是方法，而被看作是提交研究结果的手段"（库克，2005：198）。

卡内基教学促进基金会主席李·舒尔曼教授告诉我们，法律、医学、工程和神学这些学科，都有自己独有的"标志性教学法"，其显著的、占支配地位的教学活动，一目了然地标示出学科的领域范围。例如当我们提到标志法学领域的教学活动时，就会想起基于案例研究的苏格拉底式的提问法；提到医学，标准方法以临床教学为核心。而创意写作的标志性教学法则是写作工坊，其模式——考虑到它的专业特性——是新批评、表现主义、浪漫主义、摹仿论和社会认知学等理论方法的融合。这里需要着重指出这种融合，因为标志性教学法经常反映该学科的稳定性。简而言之，如果作为标志性教学法的传统工坊模式没有更严格更学术的教学焦点，那就不能稳定地代表作为学科的创意写作。

舒尔曼表示，一个领域的标志性教学法有利也有弊，这些教学实践同时也"是对专业内部实践状态及院系专业服务进行改革的主体,或能对更大的社会变革进行观照"。舒尔曼同时也提出了可供参考的警示,其中之一是他所谓的"教育惯性",即在一个领域里,当某种教学活动仅仅是因为历史悠久而被延续就会产生的惰性。类似的还有史蒂芬·诺斯的"传说"概念(1987)及其对于实践与行为产生的持续影响力。当舒尔曼(和诺斯)在这些讨论中不断地提到创意写作工坊模式是一项长期实践的同时,似乎——根据其演讲推论——曾经有些研究显示了创意写作研究具有其他的功能,比如能为激发智力所提供的发展潜能。毕萨罗在很长一段时间里论证"一个学科的特性可以理解为它的'论据'"(注释2),而我认为,创意写作研究能够提供此种"论据",以支持该领域成为学术科目。

创意写作研究与创意写作不同之处在于对数据收集、编辑和处理的重视。这个新研究领域将会通过深入调查和学术研究,以更有效的途径来更好地界定其专业知识体系。

虽然历史能够对创意写作课堂实践提供启示,毕萨罗也指出"培训下一代写作教师,同时也鼓励他们成为作家,这历史性的时刻一定会到来"(注释3)。作为一门以调查研究为中心的学科,创意写作研究与创意写作在21世纪的目标不谋而合。

二、创意写作研究——从哪里开始?

创意写作研究还处于其发展的萌芽阶段,因此对该领域探寻的第一步是定义其学术存在和研究本质。毕萨罗认为,一旦创意写作作家判定哪些研究已经完成——或研究了创意写作的学术意义——他们就可以确定在该领域中还有哪些研究需要去做。因此将创意写作作为一门学术科目去建设的过程中,还需要对该领域的教学法和实践历史进行调查研究。此外,高等院校中创意写作研究的发展还有赖于制度的支持,包括创意写作教师以及那些可能会重估创意写作知识价值和将创意写作学作为一门学术科目来对待的大众。

关于创意写作教学法的研究,两个学术方面的例子来自帕特里克·毕萨罗和凯利·里特。两人都探讨了当下实践的现状,并致力于建立种种关于学科认识论的特性并积极为其学术进展发声。毕萨罗和里特明确指出,我们只有从其他英语文学研究学科中区分出创意写作特有的方法论,以此来发展新的理论和技能体系,创意写作教师们方可运用这些新的教程去指导自己的学生。里特调研了写作培训项目,他通过对业已准备好成为创意写作教师的研究生进行采访及调查,撰写了《专业作家与创作学者:写作博士课程及教师培训的改革与创新》(2001)。毕萨罗通过对创意写作与其他学科不同实践方式的区分,写出了《英语研究的回顾与反思:作为特例的创意写作》(2004)。这些出版物大大推进了蒂姆·迈尔斯(2009:220)的研究,特别是在创意写作研究的教学链方面尤为突出。

其他研究涉及创意写作教学法以及与英语文学研究的关系,包括约瑟夫·默克斯里的论文集《美国创意写作:理论与教学法》(1989)、温迪·毕肖普的专著《释放语言的能量:创意写作教学的选择》(1994)、毕肖普与汉斯·奥斯特罗姆的合集《各马各色:创意写作理论与教学法的反思》(1994)、帕特里克·毕萨罗的专著《学生诗歌反馈》(1993)、安娜·莱茜的论文集《创意写作课堂上的权力与身份:项目中的权威问题》(2005)、凯里·莱特和斯蒂芬妮·

范德史莱斯的《何以教授：拒绝传说的创意写作教学》(2007)、蒂姆·梅耶斯的《写作工艺：作文、创意写作与英语文学研究的未来》(2005)、凯瑟琳·哈克的《我们的声音妨碍了什么：女权主义与创意写作研究》(2000)、米谢伦·万德尔的《作者未死，只是在别处：创意写作再构想》(2008)等。

我主编的论文集《写作工坊依旧有效吗？》(2010)探究了工坊的模式以及与其相关的交会区、混合模式、认识论差异、风险、漏洞、冲突、实验、开放空间、大师课程、网络一代作家对我们的种种启示及其他的一些话题。此外，仍有许多成果不在上述学术探究的目录之列，但是也探寻了当前实践并提供了独特的认识论。

这些关于发展完善教学法研究的标题本身就预示着这种批判性研究将刺激进一步的教学探索，至少这些关于现状的学术研究会产生一系列的问题。比如，关于教学法方面的研究能解释创意写作作家的研究方法以及他们是如何创建和分析数据的吗？这些研究方法如何与其他英语文学研究方向区分开来？依据区分于其他专业的方法，我们能得出什么结论？这种学术外延以什么方法指导教学实践以及创意写作学生在阅读与写作上的学习方式？在什么场合创意写作作家会发表他们的调研成果，或者交流他们的教学模式？

这将导致创意写作系统性的改革，我们可能会要求创意写作教师考虑是否及如何在课程开发中将新的技能传授给学生。这将决定性地反映当下创意写作课程研究和教育教学的独特本质，据此我们可以提出自己的问题，并重新思考和改革我们的课程工作。毕萨罗（2004：308）特别提到那些经常由英语文学系提供的"参考书目和文献研究"和"文学：来自作家的视域"等非专家教学的课程,这些课程应当有反映创意写作特殊性的设计,并拥有自己独有的参考书目,以及必须由创意写作作家来教授。

在创意写作教学法研究之外,梅耶斯将创意写作的制度和理论源流纳入学术考察的视野。D. G. 迈尔斯(1996)在《大象教学》中为我们提供了一幅创意写作历史的宏观图景,同样,梅耶斯(2009:222)则认为他将"为创意写作研究做一项基础性工作"——我们应该期望将其他工作或方法,就像我们将制度史作为创意写作研究的一个分支一样,纳入研究路径中。比方说,我们应该用一种全新的眼光考察创意写作制度史,据此推断出作文和文学理论以何种方式构造出我们的教学法,以及这些信息如何为创意写作研究带来新的理解。沿着同样的路径,研究创意写作与文学研究的分流同样有意义,它将利用我们对创意写作进行重建的机会,在创意写作研究中打开新的空间。另外,在评估调查创意写作主要教学实践的过程中,我们可以运用拉康理论的新方法,综合理论、调查和实践,去揭示教师—学生关系如何在我们多种教学法选择的语境中被观照。

创意写作进高校制度对创意写作的兴起至关重要。这方面我提供的例证是,创意写作"名义上在英语文学系,但越来越像一个固执的孤立主义者"(梅耶斯,2009:224)。要扭转这种边缘化状况(没有人能抹去创意写作边缘化地位的历史)意味着要给予创意写作作家更显要和更适当的学术定位,这种定位需要制度化的措施,即"致力于为创意写作和创意写作作家在现有学术结构中谋求一个合适的位置而进行探讨与检验"(梅耶斯,2009:224)。另外,为改善各个学位的创意写作学生的培养方式,我们也应有其他措施来重新建构学位教育系统的发展。基于这一点,我列举了本科、硕士和博士学位各级别的创意写作与创意写作研究的不同教学选项。

同样为学术辩护的梅耶斯(2009:225)为创意写作研究的学者们提供了与写作教学研究学者产生交集的种种机会,并正在探索一种"新的电子文本形式对传播造成影响"的手段。除了这个交集,创意写作教师接受和采用了更多技术化的文学技巧(文学超文本、数字叙事、播客等),将其纳入他们的课程设计,让我们了解了创意写作研究的新进展。当我们见证印刷书的衰退时(同时意识到印刷书与电子文档间存在共生关系),我们看到创造力与技术通过种种渠道融合,即① 大学数字文化与跨学科;② 我们的学生作为 21 世纪的创造艺术家,根据数字环境写作中的新受众,产生了种种相关技术和实践机会。对于创意写作研究而言,更多合作机遇出现在媒体设计、艺术、创业产业——我将另文继续讨论——等领域之中。实际上,创意写作课程——尤其是当它们包括跨模式文学和学科合作时——为大学课程的核心需求提供了相关附加价值。20 年前,温蒂·毕肖普建议将创意写作课程作为通识教育必修课,因为创意写作招生在持续增加(尽管否定者断言这个数量不会再增加)——尽管与许多高校的主导课程规模相比,创意写作课还是小规模的,但各大学系主任和大学校长仍质疑对该课程的财政投入。近年来,执意将创意写作作为基础课程的声音又开始抬头,2011 年 AWP(作家与写作项目协会)会议上,与会人员宣称将创意写作植入大学核心课程会提高课程效果即是一种证明。

公众对创意写作的认知(包括对作家和写作过程的通俗想象)纠缠和影响了将创意写作作为学术科目的进程,并进而影响了创意写作研究作为学术科目的信誉和效率。对这个传奇领域的好奇迫使我们不仅要对这个领域进行调查和研究,更要加强对公众的宣传,同时在学术写作时要保持读者意识。凯莉·莱特和斯蒂芬妮·范德史莱斯,与她们编辑的论文集《何以教授:拒绝传说的创意写作教学》中的作者们一道,已经开始了这样的探寻,我也在自己的学术工坊里持续讨论这个话题。消除传说不仅需要人们对创意写作产生观念上的转变和推进,而且还需要实打实的制度性措施跟进。创意写作研究的出现及接受与否,取决于上述前期工作。

三、作为学术科目的创意写作研究的创建

作为一个发展中的学术研究领域,因为创意写作在实践中建立了种种独有特征,实施了包括向创意写作学生传授新技巧的种种更智能、更具实践性的课程设计,因此创意写作研究能给其学术、专业和学生群体赋予更多的意义。但许多我们曾讨论过的问题依旧存在:我们的学生能从我们的课程中获取什么?高校管理者们会如何看待我们的进展?我们还应以什么其他学术途径表明我们的身份?如果创意写作研究能继续对其实践进行有效探询,辨明其历史过程,其对专业知识实体创建及对目标和最佳方向的选择也更加规范,更宏观地看,这不仅有助于英语文学研究的重建,而且对学术研究也有所裨益,更富有远见。

创意写作研究可以参与英语文学专业重组,其合理性在于,英语文学系当中的各个学科时而是对手,时而是队友。创意写作学科刚出现时,它与其他学科、其他系交叉混合,甚至会为其他专业服务。当它开始成熟,能以自己的学科方法论和集体数据为自身提供支撑时,创意写作研究将会与文学研究、作文教学研究平起平

坐,因为它能给学习创意写作的学生提供学术学位,具有自己严谨的学术程序及合法性,能在自己的学术中定位自己的权威。

本书主要讨论了创意写作学科的诸多教学法问题,研究了创意写作的历史领域和教学实践,在与其他学科的区分中定义和凸显了创意写作学科的关键标志。作为一项以调查为基础的研究,本书的学术目的致力于讨论建立作为学术科目的创意写作研究的可能性。

注释

1. 李·舒尔曼曾在他的论文《专业的标志性教学法》中提到标志性教学法问题,安娜·莱希在《作为创造活动的教学:为何工坊在创意写作中有效》中将舒尔曼对"标志"教学法的认识归结为创意写作工坊教学法。见黛安娜·唐纳利(主编)《写作工坊依旧有效吗》(pp.63—67)。布里斯托尔:语言和文化研究出版社。

2. 这个注释源于我与帕特里克·毕萨罗的电子邮件通信,我想记录下关于创意写作研究——它的历史,它在当下事物中的地位以及它对未来的见解,这个话题活力四射,言之不尽。

3. 这个注释源于我与帕特里克·毕萨罗的电子邮件通信,我想记录下关于创意写作研究——它的历史,它在当下事物中的地位以及它对未来的见解,这个话题活力四射,言之不尽。

第一部分
创意写作教学法的分类

当作文教学研究领域许多实用写作教学分类法、价值论已经不再被讨论时,创意写作研究就开始在这一领域中开辟出自己的阵地。作文教学的认知方式,特别是联结写作与学术、探求作家在写作过程中如何做出各种判断与选择这些方面,或许能为创意写作实践提供平行研究的基础平台。从创意写作作家们的写作与学习实践,到特定的教学方法以及这些实践如何启发课程设计、教学策略和课堂结构等,我们已经建立了讨论的路径,同样文学研究领域也早已从多重(即使相互冲突)视角研究与考察自身。对创意写作而言,它至少提供了视文本为言语符号和向叙事大师们挑战等多种选择。

尽管毕肖普(1994)呼吁使用创意写作研究方法论、人种学研究、教师自陈法,默克斯里(1989)也倡议审视创意写作实践,但当我在调查创意写作情况时,我发现有关教学的理论依然具有局限性。他们的工作经常被引进现在的学术中,但只是在量上推动了这一领域的前进,究其原因,或许如默克斯里所说,创意写作教师们"对教学法较缺乏兴趣"(1987:27)。创意写作的孤立形象"古已有之",这种愚蠢的立场导致毕萨罗得出了如下结论:"创意写作作家怀疑一切学术事物。"在美国,这种"视学术为寇仇"最有力、最具深远影响的反映,或许当数美国诗人艾德加·艾伦·坡的《十四行诗——致科学》:"你这兀鹰!晦暗的现实铸成了你的翼翅,可为

什么要啄食诗人的心灵。"(引自毕萨罗,2004:296)

大体上说,创意写作作家和作家教师看起来好像是在围绕专业研究进行讨论,但这种专业在多数情况下不会产生数据结果,没有多少切实的证据可以证明我们的教学方法真的提高了学生的写作水平。实际上,创意写作经常被定义为写作工坊模式。一些行内人士也想知道是否真有一个这样的专业学科,从里面可以抽取教学理论和实践的数据。如果该学科真的存在,借用林玉玲的问题就是:"我们应该从何开始探讨这个专业学科呢?"

当我们意识到大多数创意写作项目、研究生的课程论文与创意写作教学无关,且只有少数创意写作项目提供师资培训时,我们就不会对创意写作在研究和教学实践理论化方面的落后现象感到诧异了。莱特曾在2001年调查过创意写作博士研究生项目,她得出这样的一个结论:"大多数美国高校没有为学生提供恰当的创意写作专业入门培训,相较于同为博士学位级别的修辞学与作文专业入门者来说,这种比例更是微乎其微。"此话分两方面讲,一方面,师资培训应切实包括创意写作历史方面的课题及课程,如教学法的基础理论、当代创意写作前沿问题,或许还包括创意写作课程设计等。另一方面,对于经验丰富的教师来说,其培训也应有部分与上述内容相关,他们须意识到过去曾经使用的方法应作为研究的重要基础,将影响到我们如何实践,如何教学生并赋予课堂意义等。道理显而易见,熟知创意写作学科历史,做好师资培训,会使我们更严格反思教学模式,并将这种反思转化为我们"教什么"和"怎样教"的种种概念。

梅耶斯呼吁除了在语境内研究,同时还要做一项关于创意写作历史领域的调查。现有一些重要的历史调研成果,如D.G.迈尔斯的《大象教学》(1996)、史蒂芬·威尔伯斯的《爱荷华作家工坊》(1980)、帕特里克·毕萨罗的《学生诗歌反馈》(1990)、保罗·道森的《创意写作与新人文主义》(2005)等。在这些书里,只有毕萨罗和道森直接指示了向创意写作历史学习的途径并提供了新的实施实践方法。梅耶斯号召他的批评家同仁这么做是出于这样的一种考虑:对于创意写作教师来说,要超越简单的历史研究,去以更多的方式来探究我们的学科历史,去探索理解其含义的新途径,创立多样的观察角度并以不同的视角审视历史。我相信我们还可以从创意写作的历史中学到很多。自 1837 年爱默生在他的文章《美国学者》中为创意写作命名,到当代文学中关于创意写作的实践,这些都在一步步改造我们的教学法。这其中存在着许多有意思的数据资料,我们可以根据 21 世纪我们面对的新挑战,从中寻求使课程发展更切合实际的策略。

在 20 世纪 90 年代初期,毕肖普悲哀于创意写作教师们对有关教学法的理论知之甚少,由于缺乏理论参考,他们也不能对自己的课堂实践进行教学理论化。差不多十年之后,芬扎(2000)也提出了同样的顾虑:"学院中几乎没有作家像作文教师那样了解自己专业的历史。"实际上毕萨罗(2004:295)曾指出,从事写作的人都"认为创意写作是阴差阳错进入学术界的"。作家不了解创意写作的历史,他们甚至不能从理论上说明他们在课堂上的行为。同样,芬扎告诉我们:"他们也很难在轻视自己的学者、理论家和批评家的面前为自己的工作辩护。"

如果我们要找到历史与教学现状的关联,我们必须考虑到类似于斯蒂芬·泰特等英语文学系主任的看法。他是 1993 年犹他州立大学的英语文学系主任,曾在《英语文学专业协会(ADE)公报》发表文章预告"英语文学系创意写作的终结"。虽然泰特的言论没有直接针对创意写作的教学，但他为某些研究生项目的课程设置感到遗憾，这些课程设置将文学与文体的历史视作创意写作研究生的敌人。他的抱怨对即将获得学位的创意写作研究生而言意味深长。创意写作的目标一直处于变化中，它已经从只求作品出版的时代过渡到了要求教师在教育及创意产业中发挥作用的时代。正如毕萨罗（2004：300）所言，"是时候重新思考创意写作的教学途径与培养目标了"。

我认为，如果没有历史的借鉴，从基础理论支撑到教学法的转变是很难的。而且，缺少实证数据和对创意写作教学实践的调查研究，导致创意写作课堂上的行为大多是未经审查和去理论化的，因而创意写作只能继续在重实践轻研究的假想基础上运转。然而，如果创意写作参与者们同意这个原则，则他们在创意写作课上的教学内容将被提炼为他们的教学方法，但这可能又会瓦解前述假想，并通过教师在写作过程中语境如何定位意义的视角总结出新的教学方法。教师将文本、作者、读者和现实（作为隐含或明显的世界观）置于何种优先次序，与其教学法、课堂结构、课程计划、阅读选择、练习与作业、阅读实践、课堂管理、工坊活动、社会关系以及对课程要求的评价、调整和等级评判等都紧密相连。

我研究的兴趣在于教学历史、教学启示和课程设计。参考詹姆斯·柏林（1982：765）的"基于创作过程本身的不同"进行教学区分的分析原理，我倾向于将教学方法分为四类。柏林坚持所有的教学法都是意识形态，任何单独的方法都依赖一系列价值标准。这些价值元素经常被呈现为三角形关系，其中的每一个元素都代表着教师极端的强调。如约翰·切博提醒我们的那样，教学法体现着意识形态的需求。

同样,创意写作教师使用的教学法可以根据他们在创作教学过程中注重的一系列元素而加以分析,而创意写作教师们教学法的区别与其说是根据定义区分,不如说是以各元素在创作教学过程中的优先顺序来区分。

柏林(1982:766)区分了四种主要基础理论,关注它们的每一种解释及与之关联的作家、现实、受众和语言风格,"为发现和传达知识而用不同的方法去建构不同的世界",然而,他的分类和意图未必是创意写作教学法最佳的方案。在各种元素中,占主导地位的作文教学理论与真实准则及其和现实世界、语言的关系都紧密相联。

当然,这种关于创意写作领域教学结构的分类法过于简单化了。在艾布拉姆斯(1953)《镜与灯》关于文学四要素理论的概述中,有创意写作教学法及它们在创作过程中为追求意义而进行沟通策略的相关分析。我借用艾布拉姆斯的分类方法来解释自己的创意写作教学法分类:① 客观理论,也被描述为新批评理论,一种文本意义优先的创意写作教学法;② 表现理论,详述自我表现及受浪漫主义影响的种种表现功能,两者都认为意义来自创意写作教师和作家;③ 摹仿论,讨论作家对世界的模仿功能,强调写作对外在"宇宙"的模仿;④ 实用理论,也即读者反应论教学法,认为意义应被置于读者一方。

在教学实践价值论研究之外,存在着另一条主线,它涉及我们创意写作课堂结构内复杂的社会关系,在某种程度上,这种结构由实践的方法论构成。作为实践者,我们倾向于教师—学生交互与辨证性质的关系,然而,当教师通过拉康的镜像理论观察课堂动态时,他们能更好地理解学生在课堂和在其创作中的实际行为以及教师—学生的交互关系如何影响这些行为。更特别的是,精神分析理论通过现实、虚构、符号秩序、移情动力及反移情等拉康理论,解释了我们写作教学表面之下的深层动因,为我们应如何对我们自己及我们的学生作更具建设性的理解,提供了有价值的、具体的帮助。

一、意义的定位——多方面的方法

杰拉德·格拉夫(1987:10)在《文学专业的学院制度史》中声称,"没有文本是孤立的"。托德·戴维斯和肯尼斯·沃马克(2002:1)补充道,"也没有任何理论与评论是孤立的"。格雷姆·哈珀(2006:1)在他的《创意写作教学》的引言中倡议"创意写作式学习",学生仅向一种类型的学者或一种类型的教师学习将一无所获,他告诫我们不要使学生的学习停泊在孤岛上。理查德·福尔克森(1990:424)指出"即使你知道自己想去何处,一只精明的柴郡猫也能为你指明多条前往目的地的道路,有的路充满吸引力,虽然它无法使你到达目的地",而且——这是一句从詹姆斯·柏林(1982:766)的作文教学方法分类中借用的格言——创意写作教师也必须认识到,通过他们自己预先设定好的教学意图,他们无形之中也教给了学生们一种看问题的观念和立场。

我的态度更倾向于对交流传播中的各种因素一视同仁,无论这种交流是在作品、作者还是读者中寻找意义。我认为,我们不该只关注某种单一的教学方法,而是必须继续对其潜在的价值观念提出挑战和质疑。柏林将教学法相互联系起来去调整教学工作中各种各样、不断变化的思想。当教师自觉于自己的教学法，坚持根据最新的学术研究对教学过程做出调整，就能避免给学生传授矛盾的知识。评估教学法的关键是如何给学生传授写作和阅读方法。然而，艾布拉姆斯认为，两者也可能存在重叠部分——"尽管任何像样的理论多少都考虑到了所有这四个要素……几乎所有理论都只明显地倾向于一个要素"（p.6）——教师应该尽可能对他们的教学理论保持自觉。

也许，创意写作教师还需要时间考虑在课堂上寻求可供选择的方法。举个例子，假如作家以作文教学理论或文学研究理论着手实践，那他们记住创意写作作家思考、阅读和写作独一无二的方法，是为了找到新的方式来适应创意写作的特殊原则。凯瑟琳·哈克（1994：81）认为"对其他学科的好奇心"是有价值的，因为这"将帮助我们构建自己的，不但满足学生而且满足自我需要的教学法"。一成不变的实践可能会引起停滞——或更糟——无知会限制我们的教学策略、课程设计，并限制我们的学生扩充知识及提升写作与阅读技能的能力。正如哈克所记录的那样，我们必须"拒绝未经检验的目标，或是对文学写作技艺的单纯追求"，一旦超越控制我们的灌输式教学，至少在本学科语境下，我们"不仅要重新设想并转变我们对学生以及对他们学习的期待，还要重新展望和转变对自己和对自己工作的期待"。这种展望和改变可能包含不同的课堂方法论，用不同的方法实验开启创意写作课堂，以及通过使用新理论模糊不同教学方法之间的边界。像这样的研究和实践推进了创意写作研究，使之成为一门有着自己的研究和学术成果的、独立的、与众不同的学科。

教学的方法取决于我们如何确定文本的内涵和意义，因此，有一种担忧是可能产生模式混乱,即教师采用一种教学方式所表达的意义,却用另一种结构来评估。多年的实践经验使我们获得了阅读和写作的方法,我们将这些方法、步骤传授给学生后,必须注意到理论上可能存在的矛盾。毕肖普(1990:15)曾对教师们"可能会运用未经核实的甚至矛盾的理论来对抗理论和实践的改革/变化/不同"这一点表示担忧。在多数情况下,学生们会混淆教师在课堂上运用的不同动力理念。一种方法可能会将意义置于实践元素之中(例如,专业文献的阅读,推动写作方式的选择),另一种方法则涉及评估重点(例如,修订学生的草稿,判断什么是"好作品")。如果我们的指导基于相互完全矛盾的设想(柏林,1982:766),将会使学生的学习产生混乱。

模式混乱会出现在教师对自己的实践缺乏自觉时。莎伦·克罗利分享说,对实践缺乏自觉意识或使用未经检验教学方法的教师将会误导学生。克罗利假设,"如果一个实践者接受了最新的'过程教学法',但是没有同时拒绝传统的写作理论,那么他将很难理解两种理论的特殊结合是否会产生矛盾混淆"(毕肖普,1990:15)。毕肖普指出了实践的复杂性,她补充说:"教师不仅会实施矛盾的教育实践,也许还会过度运用一种模式,而这会导致课堂环境受到约束,正如他之前放弃的那种课堂环境一样。"

我的四要素视角是为了传递可以在创意写作课上进行的清晰可解的观点,这四种主要的创意写作教学分类将帮助教师检测并确立他们的教学实践,确认他们的方法、原理来自这四种教学法。我追根溯源这四种主要的教学理论并论证其在当下的课堂实践,在每个个案中指出教师在教学过程中的权威及这种特权的隐含意义。最终,这项研究将帮助实践者自觉于他们的教学法并支持这些实践理论,帮助教师给学生传授明确的创作方法,并为创意写作研究的学术科目建设增加研究的必需理论。

基于意识形态的教学法、价值观和教学重点影响了当下对学生写作进行评估的方式,我们必须继续检验这些方式。在任何时候,作家教师都应该意识到学科的历史如何启发了他们的教学。他们可以定义自己的实践,明确交流传播的意义定位,以及了解教学中的优先顺序如何影响了他们的教学方式和学生。创意写作课上的师生关系也十分重要,因此拉康的视角也会有所帮助。

至少,教师可以通过杰拉尔德·格拉夫的建议来拓展他们对教学的理解。他说,"把冲突教给学生"以及和学生们分享在写作过程中他们对重要意义的定位,将影响其教学法的成形。在这个语境中,就他们在评估过程考虑和重视的因素而言,他们应有清晰的目标。我担心的是有太多教师在课堂上麻木重复,我不认可凯瑟琳·哈克的《解除权威:教授未知》的观点,现在我要问:有多少教师"听着自己重复同样的故事,讲述同样的事情,教给学生他们已知的知识?"后来,哈克也表达了自己的思考:"也许是时候承认创意写作教学不再只有一种方法,也是时候开始探究这些新方法了。"教学法的分类自此伊始。

二、批评理论的定位

艺术作品的性质和价值,作品与其他变量的关系(作者、读者、世界),以及作品作为一个自发整体的构成,如艾布拉姆斯所说,同一件作品的定义、分类、分析的方式和判断一个作品价值的主要标准应保持一致。同柏林相似之处在于,艾布拉姆斯的架构通过三角完美表达。与柏林不同的是,由谁来开启三角关系的核心,并将最关注的元素嵌入其中?艾布拉姆斯将艺术作品作为"待阐释的事物"置于三角的中心。作者与作品、读者、世界的关系用箭头方向标示。(图1)

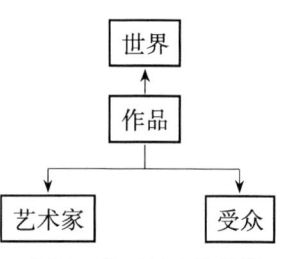

图1 艺术的交流传播

艾布拉姆斯仔细观察了这四要素,他认为"艺术作品的主要范畴"(p.6),"随着各自所处的理论不同"而改变(p.7)。从我的分析目标来看,艾布拉姆斯作品的中心要素可以在其具有流动性和固定性的"作品"中窥见一斑,正如下面所提到的构成要素一样。教师教学过程核心的动力哲学才是最重要的纲要:作品、作者、读者、世界——在艾布拉姆斯相应的教学理论语言中对应为:客观论、表现论、摹仿论、实用主义论。在我的理论框架中,新批评参考了艾布拉姆斯的客观论。我使用了他的表现主义术语,但我把这个理论分解为自我表现和浪漫主义两条线。在创意写作课堂上,摹仿论主要保留艾布拉姆斯的应用,但我也参考了摹仿论。相比艾布拉姆斯的实用主义理论,我更倾向于将之改名为读者反应理论。以下是艾布拉姆斯的理论分类法(图2)以及我的理论分类法(图3)。

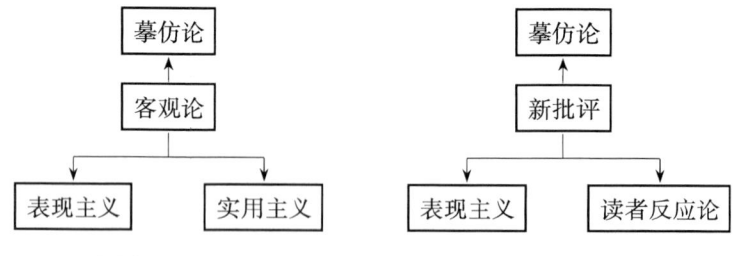

图2 艾布拉姆斯的理论分类　　**图3 唐纳利的理论分类**

三、客观理论：新批评

（一）历史溯源

20世纪20年代初，新批评的作用是从文学史研究出发，从技术的角度看形式主义的特征并进行文学研究。20世纪20年代至30年代，诗人批评家进入学术界正契合了这种实践批评，并在一定程度上受到了后者的推动。这些年轻诗评家的批评来自他们对诗歌创作的实际兴趣，事实上，正是因为诗人作为批评家进行批评工作，将文本本身作为主体和原则，才使得新批评成为主流的文学意识形态。这个理论的关键人物是艾略特，他作为评论家和诗人的表现给学界留下了深刻的印象，从而使作家的诗歌批评被认为是"一项完全值得尊敬的事业"（韦斯，1989：152）。这又反过来帮助了20世纪40年代进入学术舞台的美国诗人建立起自身形象，包括罗伯特·洛威尔、伊丽莎白·毕肖普、约翰·伯里曼和兰道尔·扎莱尔等（迈尔斯，1996：129），其中兰道尔声称从未有过这样的辉煌时代，能出现如此数量的卓越诗评。这一时期，新的诗歌批评方法被认为"席卷了整个国家"（韦斯，1989：152）。

如果创意写作能够使作家在文学学术权威领域中占据一席之地的话（道森，2005：76），那么工坊的教学实践（包括对学生手稿的细读）就应以实践批评的原则为基础和立足点，并将文本分析和评价作为创意写作最终成果的一个组成部分。但在第二次世界大战与越南战争之间的那段时期，新批评更多是作为教师在大学制度中保持非政治性的手段。毕萨罗（1993）对此解释称：

众所周知，在后二战时期，当大学教授们担心他们会因政治偏好而被质疑时，新批评凭借其以文本意义为依据的批评方式，使文学研究去政治化，并使学者比参与某些中立的社交团体更为安全(p.236)。

除了战时公民以新批评作为衡量政治隐私的指标，毕萨罗还得出这样一种结论：在二战和越战时期的40年内，"文学专业"毕业生数量的增长致使学院新批评教学的风行(1993：236)。因此，新批评与文本至上原则至今仍是我们创意写作课堂理论体系的重要环节，也就不足为奇了。

我们知道，新批评派在大学中一经建立，它的实践者就把他们的审视目光转向诗歌的内部结构，把文本细读的技巧作为一种教学工具，并以这种方式将新批评与创意写作联系在一起"设计为一种可操作的教学—批评实践来提升其文学视界"（道森，2005：76）。新批评派比任何人都更能推进对文本作为特殊语言形式的自足性崇拜。首先，柯林斯·布鲁克斯与罗伯特·佩恩·沃伦的《理解诗歌》(1938)作为经典教科书受到广泛传播；其次，作为此书附录的《一封给教师的信》则认为：尽管我们可以把一首诗当作历史学、伦理学理论的一个例证，但如果进行单纯的文学研究，诗歌文本本身仍然是最终的研究对象（引自迈尔斯，1996：130）。尽管目前许多人认为新批评不再是文学研究的可行方法，但它仍然坚定地支配着诗歌（和故事）的主权，因此在创意写作课堂上它也尤为坚挺。在这里，它不仅"幸存并不断繁荣着"，作为一种教育实践，"它看起来虽然并不起眼，但其实无处不在，只不过它润物无声，不易被察觉而已"（凯恩，1982：1101）。

(二) 教学实践

有些人,比如简·汤金斯,认为我们并没有放弃新批评阅读和评价的方法,是因为这些原则"充斥在每个人的脑海中,无论他们是学习了二十年后结构主义,还是今天才开始研究它"(引自毕萨罗,1993:39)。因此,我们对文本的反馈方式仍然与新批评紧密相关,关注对语义统一与冲突的张力分析。

我们可以循着 20 世纪初兴起的新批评派的针脚,将其细密地织进当下创意写作教学法的纵横经纬之中。尤其是在将文本作为特殊语言形式的实践上,以新批评为视角进行教学的便利上,以及评价标准上——它把文本解释为成品,把教师当作理想读者,或者仅仅在文本的占有和操作问题上——都是人们感兴趣和关注的。

(三) 文本作为语言形式

把"文本"视为权威的教师会将作品与其外部的参考材料区隔开来。他将文本作为由各部分构成自给自足的实体分析其内部关系,并仅以其自身存在方式的标准来评判它(艾布拉姆斯,1953:26)。他的教学策略以客观作为导向,这一导向将影响他教学实践的各个方面。在创意写作课堂中,批评对象是文本,许多教师仍然以新批评派的方法为教学主导。弗朗辛·普洛斯(2006)在她的《像作家一样阅读》一书中,分享了她学习写作的方式。她学习的过程与新批评理论相契合,并给新手作者如何"更具分析性(地阅读),产生对风格、措辞、语句结构、信息传达以及构建情节、塑造人物、运用细节和对话的自觉性"提供了教义(p.6),这些元素的最基本形式,恰恰是新批评对文本最具分析性和技术性的功能。普洛斯认为,优秀的教师可以教学生如何修改他们的作品,如何像她一样去欣赏作品,"写作,就像阅读一样,逐字逐词,将每个字词都安放在属于它们自己的轨迹上:换掉形容词,删掉词组,删除逗号,再放回去"(p.3)。遵循新批评的原则,普劳斯在她解构故事的过程中,"逐字逐句仔细阅读,并仔细思考作家所设置的每一个具有迷惑性的小细节"。学生们以这种方法阅读已经出版的故事和同侪的作品,探索语言元素的技巧,追踪作品的模式,破译写作的密码,开始成为文本细读的入门者。由于写作实践往往是通过阅读来理解的,对写作工艺要素的关注,也即琼·库克(2005:199)所言对"写作的惯例"的高度关注,只有当作者对自己的写作过程进行探索反思,并发现其写作超越了一般性的新批评方法论时,才可能从手艺转移到技术。因着对"方法的迫切需求",作者们期待只要行动就能有所成就,但对诗歌形式和特定文学性技巧与文学风格操作的学习——也即我们所知的手艺——"似乎并不能满足需求"(库克,2005:202),而将这手艺转化为技术似乎只能靠突然的顿悟(库克转引自萨默斯,2005:199)。然而新批评的原则通常不鼓励这种顿悟作为一种重要的创意写作方法。

当创意写作成为作家获得文学权威的学院派据点时,工坊实践作为这一领域的基础教学就以实践批评的原则为基础,立足于文本即成品的视角展开批评与分析。奥斯特罗姆(1994)认为新批评视域在工坊设置与教学材料上依然举足轻重,他认为客观理论"在很大程度上"坚挺至今,是因为它仍然是工坊、文集、评论和其他关于写作的论著中将文本作为语言材料的观点以及其他一些相关理论术语的制定者(p.XV)。新批评派"考察诗歌"的实践实际上是一种"建立结构的方式,并对其他可能建立不同结构的人一概持无情的怀疑态度"(奥斯特罗姆,1994:Ⅹ Ⅴ)。这种方式与当前创意写作课程以工艺为本的教学法,也即通过阅读故事来提炼模型与写作工艺的实践并没有什么不同。

由于专注于工艺元素,奥斯特罗姆被称为"稳定的亚里士多德式美学思想"(p.Ⅹ Ⅴ)。在工坊对学生创作的文本进行指导时,新批评的方法往往使学生受到编辑化的技术指导,因此将文本作为孤立的对象深入研究而产生的问题并没有解决,学生只关注文本上的那些字词。但梅耶斯(2005:144)重申了"以技术为导向的爱荷华工坊模式"的影响,他认为这种模式对许多学生来说很有效,"帮助他们对作品进行修订,使他们能够发表自己的创意作品,在某些情况下,帮助他们获得认证,获得创意写作领域的教职"。而后者使得新批评教学法能够不断延续下去。

事实上,马克·麦克格尔(2007)认为新批评的影响在弗兰纳里·奥康纳发表的所有作品中都很明显。奥康纳曾在爱荷华写作工坊学习过两年,她师从罗伯特·佩恩·沃伦、沃伦与克林斯·布鲁克斯,后者合著的教科书被奥康纳公开称为她的"圣经"。艾琳·波拉克(2007:547),另一位爱荷华写作工坊的毕业生,认为新批评的方法在爱荷华工坊"非常流行"。在评价奥康纳时,波拉克认为"新批评的原则体现在她精心挑选和安排的每一个具体细节、每一段对话、每一个或小或大的文学行为中,无论是为了使场景真实可信还是为了让角色可信"。事实上,波拉克指出了奥康纳使用新批评理论的一些独特细节,例如她"给《好人难寻》中'不合时宜的人'戴了一顶黑色的帽子,因为这就是他这个年龄的男人所穿的衣服"(p.552)。波拉克和梅耶斯与我观点相同,即在创意写作课堂上，新批评的方法应当受到认可，并重新评估为有效用的教学工具——不是唯一的，但确是我们提供给学生的众多方法中的一种。

为了进一步说明创意写作课堂中新批评方法使用的范围，哈尔·布莱斯和查理·斯威特（2008）在描述创意写作课堂中的多样化教学策略时，认为其定义了"技术方法"（并非要与琼·库克和萨默斯·希尼将手艺转化为技术的顿悟相混淆）。包括哥伦比亚大学教授乔治·克拉普在内的一些理论家于1913年对这种方法进行定义，认为这是"某些大学教师的一种倾向，他们对文学实用技术的教学加强了力度"（引自布莱斯、斯威特，2008：312）。这种"技巧方法"听起来很像新批评的实践，强调写作作为一种文字实践和教学工具的内在品质。布莱斯和斯威特补充了这一描述，指出这种方法强调了阅读中的技术成分，因此学生可以将技术内在化，然后给出他们自己的理解。作者写道，"这种方法的潜在信念"是，"正确理解和实践诗歌、戏剧、创造性的非虚构及虚构的技巧，才能产生作品"（p.313）。虽然在"人人都可以通过学习成为作家"的语境下，具有"实用性"的技术对每一个理性人来说都有着使写作透明化、简易化的吸引力，但作者也有他自己的见地，"将写作视为纯粹的手艺，就会滥用程式化的情节、公式化的写作，以及速成式的成书法"（p.313）。

事实上，新批评对工艺和技术的评价性、分类性话语，在很大程度上仍以创意写作"速成法"的形式出现，指导教科书与20世纪30年代的版本相去不远。这一点尤其适用于《理解诗歌》，它的章节强调对将诗歌仅视作诗歌进行文本细读。这本书在1976年第四次再版（显示出新批评派影响的长期性），它的同系列教材，1943年出版的《小说鉴赏》也对语言和结构进行了同样细致的分析,另一位作者柯林斯·布鲁克斯在1939年出版的《现代诗歌与传统》,或被称为最好的新批评入门书籍,两年后,新批评出现在了约翰·克罗·兰瑟姆于1941年出版的书名上。尽管这一运动在文学史上达到了顶峰,但它的内部实践依然是创意写作课堂的主导。

翻开任意一本创意写作手册,目录都被整齐地划分为"小说要素"(情节、人物形象、场景、观点、话语)或"诗歌要素"(格律、暗喻、节奏、韵律、风格),并相应地列出所需工艺要素的大纲(最佳实践、陷阱、考虑对象、定义、描述、区分、推进)——一份宽泛的"指南"。然后是作为工艺要素模板的经典故事或诗歌。作为一名研究生,波拉克在自己的本科工坊教学中发现,数十本教科书或相关文选集,都是按照《小说鉴赏》的思路编写的,创意写作课堂上的流行教材,珍妮特·伯罗威于2007年出版的《想象力写作:工艺要素》就是新批评视角风格教材一个很好的例子。波拉克还指出,无论她如何鼓励学生们在她自己的创意写作课上忽视、反抗或改变新批评技巧的条条框框,"布鲁克斯和沃伦在《小说鉴赏》中所阐述的原则仍然对任何试图想靠近学术的作者产生着巨大的影响"(波拉克,2007:547)。

我并非怀疑文本细读或创作基本工艺教学的重要性,这些基础知识对初学者是必要的,但同时我们也发现,对于和同龄人一起参加工坊的学生来说,他们的注意力往往集中在范文上,却并不关注与之一起学习的同桌或者邻座的创作。对新批评最大的诟病在于,教师们似乎有对写作基础工艺的教学极其依赖的倾向,这便意味着学生会将注意力放在范文或经典文本提供的技术范例上,因此总是创作出模板式的"好文章"。

(四)新批评方法在教学上的简便性

20世纪初至20世纪中叶(及之后一段时间),新批评在大学英语文学系学术批评领域的主导地位和受欢迎程度,部分可以追溯到它的实用性,因为此教学法对知识储备和课程准备的需求都是最小的。哈克(1994:77)曾在教学报告中写道:"课程所需要的,只是让学生们围坐一圈,听我讲解如何让他们的故事变得更好而已。"克里斯多弗·克劳森(1997:55)——《再读一遍》一书的作者,认为任何一个对文学感兴趣的学生,无论他是否有其他研究领域的背景,都可以熟练地运用新批评的方法。相应地,克劳森说:"任何文学研究的教授都不需要离开自己的研究方向而专门向他的学生传授这些理论背景。"(p.55)杰拉德·格拉夫(1987)认为对新批评理论的依赖已经成为教师的必经之路,他以自己的教学经历为例说明如下:

导师可能是最需要新批评理论的人……从我的经验来看……作为20世纪60年代读博的人,我认为我很幸运,能够比我的研究生研究的要超前一点。至今我还记得我刚开始做助理教授时的那种解脱感,因为我意识到只要专注于文本本身,而不需要了解它的作者、它的写作环境或它的接受历史,我可以很好地讨论几乎任何一部文学作品。此外,只要教学环境被简化为去语境化的作品研读,我甚至可以不了解我的学生,不了解他们高中及大学的学习和创作背景也无所谓——就像他们也不需要对我有任何了解一样。考虑到讲台两边都对彼此全然无知,"作品本身"确实是救命稻草了。(pp.178-179)

威廉·E.凯恩的观点(1984:101)与格拉夫类似,他认为从创意写作课程开始的那一天起,"教师和学生就可以阅读和交流诗歌,交换对音调、矛盾手法和意象的看法,并分辨文本中复杂思想和细微感觉的程度差别"。格拉夫欣赏新批评教学视角的简便性,而凯恩则赞赏这种实践的"民主"功能。他认为:"教师和学生聚集在一个共同的目标周围,所有人都努力尽最大可能进行细节化的、敏锐的阅读。"这种方法能让学生迅速适应自己的"读者"身份,并被赋予查看作家的技巧或工艺要素的权力。凯恩认为,这将使学生们"体验一种新技能带来的快乐"(p.101)。

评价

J. E. 斯宾岗在1910年首次提出了"新批评"一词,他认为(任何艺术形式的)批评的中心问题是:"作为艺术家,他的作品是否具有艺术性?"(引自迈尔斯,1996:113)。艾伦·塔特也提出了相似的问题:"作为文学评论家,我们该评判什么?"(引自凯恩,1984:14)。对于新批评派而言,评价"好作品"的标准并不取决于主观的审美趣味;相反,一件作品是否具有艺术性是由一套客观标准来确定的。一个艺术家是否创造了一件具有艺术性的作品,新批评派的评论家认为应当分析"这件作品是否与一种语言具有同样稳定和'客观'的状态,这种状态属于一种'集体意识',并具有稳定而长期的'规则'"(林玉玲,1990:259)。以诗歌为例,文本细读揭示了"文学作品的形式要素,如诗歌,就是要创造和解决张力和反讽"(林玉玲,1990:259)。在这种情况下,伟大作品的标准就是"具有对张力的深刻控制力"(林玉玲,1990:259)。因此,有且只有这种评价体系,才能衡量一首诗的价值和意义。

另外,确定文本意义的最终目的,是理想读者通过细读、分析文本来实现的,更进一步说,不仅文本被视为终极权威,且它的理想读者及其通过文本所获得的启发也被视为最终权威。当一个教师在教学过程中只关注文本意义，那么他不仅在评价实践中赋予文本最高权威，而作为理想读者，他也可以声称自己具有作品的最终解释权。

（五）将文本作为最高权威进行评价

以新批评的视角考察作品时，会出现一个问题：当一部作品落纸成文，自成一体，与其说它不会呈现出未完成的状态，毋宁说如爱德华·怀特所认为的那样，已经成为"待批评"的成品（引自毕萨罗，1993：26），尤其是在如毕萨罗所言，"与南希·萨默斯所称的'理想文本'放在一起时"。此外，当一个文本被客观化或被视为权威时，学生对习作的阅读，写作工坊对作品的讨论都会使作者陷入沉默，新批评的理论方法也因此变得复杂起来。这种沉默是公开讨论学生的诗歌和故事的结果，但作者在诗歌叙述人或小说人物形象中进行自我代入的可能也被排除了。换句话说，这种对习作的解读方式忽略了作者的意图或暗含的自传性质，更不用说作者所涉及的社会或文化背景了。这种仅仅对习作本身进行观照的阅读方式，无法"传递给学生文本的言外之意或潜在意图"（爱德华·怀特引自毕萨罗，1993：53）。

虽然梅耶斯（2005）不认为"所有的创意写作教师都将新批评的认知引入课堂"，但他也声称：

> 创意写作的课堂经验已被这种潜在的认知所支配：学生的习作虽然值得严肃考察和批评，但习作本身却应被视为独立的领域，很大程度超越作品经济、社会和物质现实的背景，甚至超越它原本所属修辞关系的世界。（p. 139）

通过这种方式,当学生的注意力"非常尖锐地集中在了文本上,以至于模糊了关于单个学生的文本是否以及如何融入更大的作品网络的问题"时,就可以轻松地避免社会和政治的影响(梅耶斯,2005:139)。的确,新批评的拥护者可能会指责那些在课堂上允许社会学、历史学评论的教师是运用自己对政治的认知,对缺乏清晰概念的学生建立自己的权威。在创造政治公民的努力中,一些教师把自己的理论和决定视为正确,并对学生的作品做出评价。而有些教师可能会困惑,我们已经有意无意地将学生压制在弱势了,但他们却对我们的观点报以沉默。

通过强调字面意义来建立文本的先决地位对我们的学生群体来说显然是一种限制。比如在多元文化并行的城市大学工作的妮可·库利(2003:101)发现,摒除外部因素的新批评阅读策略,这一阅读途径/方式对她的班级来说是"有问题的,因为很多学生因此长期被隔离在课堂之外"。在她看来,新批评工坊的做法会使她所指导的作者离心,并使学生在面对"误读"时保持消极的沉默。

对达纳·乔亚(1991)等人而言,由于新批评视角在学界的长期盛行,文本先行的观点使诗歌越来越远离大众的视野。如果他的短文《诗歌还重要吗?》中的言论是真实的话,那么教师也许会在以工坊为中心的课堂(许多人梦寐以求并强烈支持的场所,并认为是唯一会让学生花时间写作的地方)之外花时间,去探寻学生文本中所指示的、展示的审美性的及政治性的情感方式。克里斯·格林(2001)认为,创意写作从业者确实应该探索外部因素对写作的影响。他提出,在询问如何才能使学生写出"好"诗之前,我们应该"超越理想读者的视线,问问学生如何才能写出有用的诗"(p.159)。此处的"有用"指的是在"课堂阅读水准代表了大学之外的阐释和修辞环境的写作工坊里"进行诗歌创作。当教师把注意力集中在文本的权威上时,他们会培养出一种盲目的、排斥的观点,使他们无法发现其他外部力量在学生的阅读和创作作品中发挥的作用。

库利并没有在她的创意写作课程中应用新批评的方法,例如,为了避免对外部世界的一叶障目,她扩展了原先只以经典作品为主的课程阅读材料的边界。通过这种方式,她提倡了一种以文本为基础的课程,"让学生阅读的所有文本都作为他们自己作品的模板"(p.191)。因此,与这些非典型文学文本(相比于根据历史与文化价值所定义的"文学")的对话,成为"提出问题和进行工坊阅读教学"更合适的方式。戴维·拉达维奇(1999:111)也同意这一观点,他坚持除了教授"文学形式的细节和令人动容的表达"之外,"值得一试"的创意写作课程还应当教授"阅读、批判性思维和历史语境意识"。

考虑到外在因素可能会影响学生阅读和写作方式,在对故事或诗歌架构的讨论完成后,教师可能会尝试选择在其他相关层次进行阐释:语言风格、作者的观点及其叙述选择、场景构建、语词、对话、人物塑造、背景和情节结构等。例如,一堂创意写作课可能会从社会学、政治学或心理学的角度来阅读夏洛特·帕金斯·吉尔曼(2000)的《黄色墙纸》,将思考延伸到精神错乱的故事之外。学生们可以讨论主人公与墙纸上的"栅栏"的斗争,墙纸背后被折磨的女性图像,对19世纪父权制意识形态的挑战,以及这种挑战在故事设计中的影响。

此外,阅读材料可以与自身创作产生共鸣,从而将专业作品与自己的故事联系起来。为了避免把文本作为最终权威,我们可以把故事和我们自己联系起来,讨论它们的社会影响,以及这些文化和历史考量对我们写作内容和方式的影响。

当我们将一部创意写作作品放在超文本的范畴内考察时,它就会成为集读物本身、上下互文以及背后所含公共关系的综合体,因此我们对其的解读将会是一种超越传统的,沿情节总结、人物描述和创作技术分析这样按部就班的线索性阅读方式。我们可以选择一些特定的、内部的方面,并与其他故事进行比较。例如对死亡表征的描述,其重心是文化之间乃至人与人之间的差异性,如在考察艾米·亨佩尔的《在艾尔乔森埋葬的地方》(1983)、列夫·托尔斯泰的《伊万·里奇之死》(1886)和蒂姆·奥布莱恩的《士兵的负重》(2007)时,将它们作为变化中的社会、历史、文化的展现,而不是仅仅作为客观文本而被看待,将给创意写作的学生提供更加广阔的讨论范围。学生在撰写短文时,也会发现作品之间相互的启发和影响,并能由此学习并提高他们的话语方法。将这种对照研究扩展到公共领域,学生就能够将"创意写作看作与更广泛的社会、政治和话语趋势相关的综合体"(梅耶斯,2005:48)。(注释1)

当教师和学生挑战文本作为最终权威的排他性时,他们将会拥有更多的阅读和写作方法,并打开更多实践空间,延展实践的方向。这种探究视角使我们对文本作为最终权威的观点产生了质疑,我们不禁要问:"如果我们以更具包容性的教学法来研究创意写作,我们还能从文学批评和理论中学到什么?"(厄尔,2003:103)我们又应该如何挑战文学规范?谁才能判断怎样写出好文章?谁又来判断"什么是诗?什么是故事?什么是戏剧?"例如库利,她鼓励教师们"打破规则""重新分类""挑战文学规范"(p.103)。在她的课程中,她让学生自行讨论什么才是"好的文章",并引领他们看到经典文本的局限性,而不是将未经检验的文学价值观直接植入学生的写作应用之中。同样,哈克(1994:78)也对把文本视为语言材料产生质疑。她承认之前曾希望她的学生"把他们的作品与真实的自我分离,视其为独立的文学主体进行分析";她思及弗朗索瓦·卡莫恩也曾认同她的想法,如果将作品看作建筑的过程,那么必须有合适的蓝图来控制它的框架。(哈克,1994:78)但后来她发现"她的学生很难对自己的文本进行客观分析"(1994:78)。在她对斯科特·罗素·桑德斯的回应中,她急切地呼吁我们在将"艺术标准"作为写作的唯一标杆并企图加以"控制"时(引自哈克,1994:85),不妨先问一句,"这些标准是谁制定的?它们又从何而来?"(1994:85)。

毕萨罗在《学生诗歌反馈》一书中全面考察了教师对学生习作的应对方式,他认为历史上教师曾侵占学生的写作空间,但因为教师对学生的关注和反馈是有限的,这类问题没有受到应有的重视。为了避免这种"以教师自身所诠释的价值观马首是瞻"对学生创作的侵犯,毕萨罗在阅读和评价学生的诗歌时,只使用"被认可"的文学作为其阅读策略的材料(毕萨罗与麦克拉纳罕,2007:85)。他引用了阿尔伯塔·特纳《诗歌教学》(1980)中的例子,该书是学生诗歌与教师回应的合集,其中大多数评论都是基于文本的方法来解读学生的诗歌。其中一个参与者认为:

首先,教师们倾向于把这首诗看作是孤立的实体,"一个由语词组成的小世界",如果它能吸引读者,那它就是成功的,反之则被视为失败,需要对其进行修改。其次,在以教师为中心传授创作技巧时,教师倾向于将自己看作理想读者以树立权威(引自毕萨罗,1993:42)。

在特纳对教师回应的收集中,有这样一个例子,他"把学生的诗当作自己的诗,并逐字描述如果这首诗是他的,他将对文本所做的修改"(引自毕萨罗,1993:42)。另一个例子是保罗·库克(与他人合著,1989:247)"努力将他的文案编辑技能传授给学生,与学生一起通读他的习作,从而培养出学生有效的编辑意识"。理查德·雨果定义了理想读者的视角,"如果可以的话,我将假设我就是作者,努力寻找这首诗哪里出了错,又为什么会出错"(引自毕萨罗,1993:55)。这些例子体现了新批评的价值观,展现了教师作为理想读者的至高权威。在新批评的价值观中,"教师的权威来自其对大量风格形式多样的诗歌的阅读经验"(毕萨罗,1993:42),而这种读者经验可以完全移植到学生的创作中去。

那么,当学生在新批评价值观引导下进行创作时,会发生什么呢?毕萨罗指出,当"教师们在传统课堂上做一些看似最自然、最本能的事情:以文本移植的方式向那些没有足够阅读经验的学生提供他们写诗或小说所需的信息"(1993:23)的时候,就会产生一种"不受欢迎但却又不可避免的副作用"(1993:23)。根据创作理论家萨默斯、布兰农和克诺布劳赫的观点,他们认为"这种移植是不可取的,因为它剥夺了学生自主写作的权力,使他们屈服于他们教师的权威"(1994:239)。尤其值得注意的是,萨默斯发现当学生运用新批评视角进行创作时,教师的回应往往高度同质化,事实上,他认为"尽管是不成文的,但对学生习作的评价是有被广泛接受的模板的"(1993:42)。毕萨罗认为此工作是这样发挥作用的:

首先,他们主要对文本内容作出回应,其次,他们倾向于鼓励将作品视作可操作文本进行修订。当然,这种评论方式(或在创作过程中的指导)被教师滥用,教师很可能会对学生的习作进行移植,因为如果视文本为客观存在,那教师就可以自由阅读并改写(1993:42-43)。

当对自己的写作提出疑问时,毕萨罗对学生假设自己就是那个典型的评价者的形象,并演示了运用新批评的方法阅读和评价学生的诗歌的结果。他最后发现,新批评的评价方法是有限的,而且效果并不理想。新批评对文本本身的强调使他"花费大量精力来进行互文式的批评"(1993:53),他试图弱化"并提出旨在抑制互文性评论的问题,而他的总结反过来又强化了这些问题"(1993:55)。运用新批评的教学方法后,学生只是急匆匆地按照他的指导对作业简单调整后就上交了(1993:54)。

他补充说,"鉴于新批评的最初目标就是解读已完成的文本,这种结果是可以预料的",然而,他"倾向于这些为学生所做的大量工作,或许是希望他们能从这些修改中得到一种学习,并将所学运用到其他诗歌的修改中"(1993:54)。每个教师所做的修正都会被学生视为通往"优秀作品"的路线图,也就是说我们花费大量时间的地方(在此就是指文本上)也是我们的学生建立起"正确写作方式"概念的地方。此外,毕萨罗指出,由于"对新批评方法错误的运用,教师可能会在不经意间让学生的诗歌创作风格越走越窄"(1993:54)。正如安东尼·彼得罗夫斯基所说,这种做法的不利之处在于教师们对文体风格的规定,固化了学生的写作,使他们始终保持在教师学术期望的范围内(引自毕萨罗,1993:54)。

(六) 社会学视角:通过拉康的镜头

当一名教师将文本先行视为教学原则时,将自己视作理想读者和权威时,当他重视与学生对话并基于新批评的方法鼓励学生创作时,他就会影响创意写作课堂的社会动态,特别是教师和学生之间的关系。我认为雅克·拉康(1966)关于想象和象征秩序的精神分析理论可以帮助解释在新批评课堂上师生角色的复杂性。简而言之,在进入语言和象征秩序之前,一个孩子会对自己在镜子中的形象着迷。婴儿意识到这幅图像是她自己的,并且是一个完整的实体而不是支离破碎的运动着的零件碎片,他开始将自我与他者(尤其是母亲)分离开来。婴儿把自己和形象联系在一起,首先认识到的是自身的缺乏。婴儿因此形成了一个自我的幻觉,一个被"我"这个词识别的统一的意识自我。对于拉康来说,自我(或自身)总是在某种程度上存在一种幻想,一种对外在形象的认同,而不是一种独立的整体认同与内在感觉。这一阶段标志着自恋的基础,通过自恋,人类主体创造了自己和理想欲望客体的幻象。一旦孩子学会了语言,接受了社会的规则和要求,他就能与他人相处,象征秩序与超我联系在一起,与真实的秩序紧密相连而运转。

(移情)作为一种动态的结构,它部分位于一个人的内部,部分处在人与人之间。一边是一个"分裂的自我",一个不能完全理解自己行为的个体;另一边是一个权威形象,一个"分裂的自我"认为理应知道如何解释这种行为的人,分裂的个体会向权威人士寻求解释。当这个形象的回应是反问或沉默时(一般分析师都是这么做的),这个分裂的个体就会像他所期待的权威形象会做的那样,试图回应或解释自己的行为。(布鲁克,1987:1987)

这一重要的关系"很大程度上处在分裂的个体内部,因为这涉及他的自我意识以及他对知识和全知权威目的的理解及投射之间的关系"(布鲁克,1987:681)。最后,分裂的个体将自己的形象转移到分析者身上,寻得象征性他者(全知主体)作为将自己的内部对话转换为外在表达的方式。罗伯特·布鲁克(1987：681)写了《拉康移情论及创作指导》,根据他的说法:"分析师是个体的镜子。"

不论是创作过程中还是在对习作的评价阶段,师生之间的移情都并不十分成功(布鲁克,1987：682)。布鲁克告诉我们,他的学生"普遍被假设不能理解自己的习作……而写作教师被想象成"对写作是完全了解的,知道创作应该是什么样的,应该怎样去写,学生的错误有什么意义以及如何改正它们(p.682)。从这个意义上说,写作教师就像治疗师一样,"从学科角度而言是全知全能的"(布鲁克,1987：682)。因为学生"必然相信教师本人与他的职业角色是同构的",因此才将自身"价值"放在重要的全知主体上(布鲁克,1987：683)。但学生总会不相信教师,因而拒绝与教师的移情关系,而教师也会受到学生虚假的"欲求"的欺骗,自以为明白应该做什么(布鲁克,1987：683)。毕竟,有多少学生真的依赖我们去告诉他该如何去说,如何去做呢?布鲁克和拉康认为,师生之间移情关系最大的威胁还是来自相互的不信任感。

可以说,大多数的移情关系让学生信任教师,从而使学习成为可能,因为学生会下意识地认为教师可以满足他的需求。通常,当教师获得了学生的信任,或者用弗洛伊德和拉康的术语来说,已经引起了积极的移情时,学生会把教师看成是一个知道真相、甚至比学生自己还知道学生兴趣所在的人。这样,教师就成了唯一的、不可侵犯的权威。

在新批评的课堂上存在一种不恰当的移情秩序,因为教师是真正唯一的、不可侵犯的权威,他的特权力量是完全不受他方约束的(毕萨罗,1993：5)。事实上,从教案的设计直到学生习作的批改,教师对文本的释义特权支撑着他的整个教学策略。因此,正如克劳利所指出的那样,教师不仅可以完全控制"在课程中完成的大部分创作",还可以"为学生制定严格的规则,让他们遵守"(引自毕萨罗,1993:5)。克劳利认为当教师代劳大部分创作的时候,

学生们大部分的时间都花在了"阅读"上:他们"阅读"教课教师,来揣摩他的意图;他们阅读教师指定的课本或文集,揣摩他想让他们在这里学到什么;他们"阅读"教师布置的作业,以迎合他的想法。当他们做"写作"教师布置的作业时,学生会写出他们认为教师希望看到的文章。他们几乎从不认为有什么属于自己的东西可以反馈给教师(引自毕萨罗,1993:6)。

当克劳利将这些问题引入到写作课上时,新批评教学法也会很快引起我们的担忧,因为在创意写作课堂上,学生一直试图顺从他们的想象与象征秩序。按照拉康的理论,学生永远不会质疑对教师的信任,教师也不会怀疑他全知者的角色。学生无法通过写作过程来学习,因为新批评派的教师掌控和指导着课堂上发生的一切,拒绝任何权力的转移。

学生很难在学徒式的师生关系模式中茁壮成长,而很多的创作工坊都沿袭着这一模式。哈克(1994:80)提醒我们,"自从爱荷华大学开设第一堂创意写作课以来,美国的创意写作教学就在很大程度上遵循了以文本为中心的工坊模式,写作学生聚在一起创作诗歌、散文和戏剧,并将其提供给同学和写作'师傅'"。在工坊模式中,文本的权威性与教师作为理想读者的要求不谋而合。举个例子,斯诺德格拉斯(1999)在爱荷华大学工坊谈到他的"师傅"罗伯特·洛威尔,称他为"强大的"导师。一个学生说,当洛威尔讲解你的诗时:

……就好像一只肌肉发达的章鱼过来坐在上面一样。然后它谨慎地伸展出一只触角扯出了神话学,第二只扯出了社会学,第三只扯出了古典文学,然后是宗教学、历史学、心理学。与此同时,你只坐在那里想着,"这个人就像他们说的那样疯狂:这些和我那可怜的小诗一点关系都没有!"然后他开始把这些学科一个一个塞进你的作品里;你发现他必须要这样做,要把几乎所有东西都和你的诗扯上点关系。(引自斯诺德格拉斯,1999:127)

虽然这种戏剧性、席卷式对学生诗作的解读来说,看起来多少有点夸张(尽管这一元素无疑增加了导师的力量感和神秘感),但洛威尔仍被他的学生视为最终权威,当然也被认为是饱受敬重的"师傅"。阿尔伯塔·特纳断言师生之间的确是学徒式的关系,她说:"对学生诗人来说,教师诗人是老工匠,他们从自己的手艺经验中给出(或更确切地说是奉献出)建议"(引自毕萨罗,2004:237)。毕肖普的治学也参考了这种教师主导地位的教学模式,我们知道,这一模式在今天的本科和研究生课程中仍在继续,奥斯特罗姆也认识到,将教师与作家合为一体,这个人会是非常"重要的、权威的、强有力的"(1994:XIV)。

尽管斯诺德格拉斯对罗伯特·洛威尔的描述可能在爱荷华工坊的师徒场景中还不那么典型,但卡罗尔·布莱已经认为"师傅"可能成为霸凌者,而写作初学者:

……把他们的灵魂都投入到他们的创作中去了。他们是弱势的,他们本不该如此信任教师,但他们确实这么做了。他们尊重我们(教师)的资历,虽然我们的指导几乎不值得他们有这么高的评价。如果我们不这样约束自我,就会处在职业腐败的边缘;如果我们无法拒绝周遭的奉承,我们就有成为霸凌者的危险。当我们不

耐烦的时候,我们的霸凌行为甚至是下意识的。(p.143)

如果不是通过霸凌,也许教师会用某种强烈的诱惑控制住学生。例如,理查德·雨果(1979)在《引爆小镇》中写到,西奥多·罗埃克与诗人大卫·瓦格纳之间的学徒式师生关系对后者产生了巨大的伤害:"罗埃克对各种口头音乐的狂热爱好对大卫·瓦格纳产生了过度的影响。"雨果说,"大卫在宾夕法尼亚州立大学跟罗埃克学习时还很年轻,有一次他告诉我他如何冲破了罗埃克对他的控制——那是一段漫长而痛苦的时光"(p.29)。这种学徒制的力量以及单调的对文本关注强调了教师理想读者的身份和不可侵犯的权威以及写作过程的神秘性,并规定了师生各自的角色和所处地位。这可能会让我们的学生在课堂上成为一个依赖的角色,而不是一个合作的角色。

(七)新批评理论:最终结论

毕萨罗与麦克拉纳罕(2007:86)担心,写作工坊中学徒式的师生关系会导致"教师对学生的文本有近乎独断的控制",甚至如果某个学生没有接受教师的建议,他就断言该学生是失败的。移植通常会显得比较隐蔽(但仍然存在),但能够而且确实也导致了"完全克隆教师观点的一代学生"(毕萨罗与麦克拉纳罕,2007:86)。虽然在我们以工艺为基础的教学法与工坊话语中,新批评的价值就体现在我们对学生作品的移植上,但许多创意写作教师,更在意自己作为理想读者和最终权威的形象,以致与新批评的指导原则相去甚远。写作工坊也并不完全是保罗·弗雷尔所描述的"教育储蓄系统",把创意写作教学看作教师将技术与工艺储存到学生的脑海里。有潜力的诗人或小说家"不能坐等知识从教师那里传递到学生手中——一如摩西把刻有真理的石碑传下来"（埃利奥特，1994：113）。

拉德·托宾（2004：79）甚至坚持，我们必须以一种"误读每一篇学生课文的方式"来"震慑"新批评派，以帮助学生说出他们真正的想法，这样"当我们阅读时，就已经经历了创造—重建、解构—再建构的过程"。托宾提出：

……这种大量的故意误读使我们超越作品的字面意义，而描绘出一个文本的多种可能性，并对它未来的成就有所展望。这建立在肖尼西错误分析法、埃尔伯信任游戏和巴特罗梅·佩德罗斯基阅读写作整合计划等多重理论的基础之上。（p.80）

我们要求学生将作品"展示"出来；而不是仅仅是"告知"，我们在教学中也应遵循这种做法。毕萨罗（1994：234）认为，教师应该避免在学生创作的时候告诉他们应该做什么，而更多为他们描绘他们可以成为什么样的作家。首先，我们必须对我们回应学生诗歌与小说的方式时刻保持警惕，"如果对新批评的依赖使我们本该做的与我们实际所做的相矛盾了，"那么，毕萨罗（1993：40）表示，"我们就需要探索更新更有效的模式来评估学生的创作"。

四、表现主义理论

（一）历史溯源

在将个人和民主的精神灌输到进步教育学的尝试中，埃尔默埃德加·E.斯托尔（1932：296-297）曾表述过"艺术是一种心灵交流的状态"。欧文·白璧德在1932年的一次年会上曾说，本属于读者的净化（卡塔西斯＝katharsis）现在成为作者的。自我表达作为表现主义理论的主导原则,可以在 20 世纪初的进步教育运动中找到根源,这一运动作为过去文学教学最佳方式的具体理论代表(迈尔斯,1996:12),在当今的创意写作教学法中也以自我表达的形式体现出来。进步教育学的影响,根据詹姆斯·柏林(1987b:58)的说法,"包括最好的和最坏的美国经验"。因为在经济大萧条之后,20 世纪写作教育出现了戏剧性繁荣,而这些年来写作教育以一种奇妙的方式做出了回应(柏林,1987b:58)。例如,主观修辞"推崇个人",交流方式"强调人类经验的社会本质;能媲美目前大学课堂里传统的修辞学"(柏林,1987b:58)。这些研究与人类行为科学的连接形成了进步教育学的课程基础。

因此,心理学理论影响着从"主题中心学派向学生中心学派"的转换(柏林,1987b:59),社会学格言影响着群体的表现知觉。约翰·杜威试图将"个人主义的心理学"与"公共的社会学"这两种完全相反的方法论统一于教育(柏林,1987b:60),而休·默恩斯被杜威社会交往中的民主修辞所引导,在他的信仰中"教育的目标就是将自我发展与社会和谐、经济一体化结合起来"(柏林,1987b:47)——于是这些便形成了表现主义写作课程的基石,发源于以林肯学院为领头羊的进步教育的摇篮。

在这样实验性的并受到哥伦比亚大学师范学院影响的学校里,默恩斯正进行着"深思熟虑的实验",即用创意写作取代初中传统的英语教学。与其继续"过分强调诗歌的本质",以及复杂的浪漫主义与探寻隐喻联想本质的弗洛伊德诗学,教师们不如"更多地考虑主题与孩子们可能的经验如何协调一致的问题"(柏林,1987b:78)。对默恩斯来说,他认为"应当呼吁教授的不是主题,而是学生"(休斯·默恩斯引自梅耶斯,1996:101)。

在文学领域,进步教育学促进了交流的方式,强调人类经验的社会本质,而这催生了有关表现主义修辞的文章。像 1922 年《英语杂志》一类的期刊都忽然开始鼓吹"所有的写作都是艺术","写作可以被学习但不能被教授","知识的内容是私人产品和个人想象",并且强调在创作交流中过程重于结果(柏林,1987a:75-76)。一个来自三一学院的教师艾伦·H.吉尔伯特认为,"所有真诚的写作——没有其他值得批改的类型——都是学生本质的体现"(引自柏林,1987a:76)。像默恩斯和其他进步教育学者所实践的那样,吉尔伯特鼓励教师采用一种非指导性的教学方式,是"牛虻而不是独裁者"(柏林,1987a:76)。例如,教师"不能给学生受限的想法带来改变"就不要去侵入学生的写作(引自柏林,1987a:76)。从根本上来说,应当鼓励学生发展他们自身的天赋。

授课的责任应当是去除创意表现道路上的文化障碍。一个教育工作者声称,"在创意写作课堂上几乎所有写作都要好过不去写作"(引自迈尔斯,1996:108)。对默恩斯(1935:2)来说,"最好的文学教育来自各个年龄层最充足的自我实现"。这种创意精神的释放采取了诗学的形式,但是如果学生将注意力集中在主题而不是自我上,这种策略会让他们感到困难。

任何学生从根本上讲都是一个独立的个体,他们在写作时唯一的依靠就是去钻研自我。"诗学是将自我的本能直觉公开表达的结果,"默恩斯说,"诗学必须从深广的神秘自我中召唤。因此,这不能被教授;进一步说,这甚至不能被召唤;它可能只是被允许。因此,新兴的教育变得简单了,然后,巨大的、重要的天赋能力成为最明智的指导。"(p.28)默恩斯强调说,比起教授学生诗歌原理,或者提供词汇技巧、文学批评、专业作家写作模板的课程,教师与学生之间必须存在的平等关系显然更为重要。他的教学法设计利用的教育学理论包括"许可理论"和作为"伦理典范"的艺术家教师(p.28)。"作为伦理典范的教师"这一概念与新批评所谓的"作为理想读者的教师"形成了对比。默恩斯认为教授创意写作的教师的艺术家身份十分重要,只有这样他们才能理解创意的过程,发掘学生创意潜能的过程,需要拥有敏感度与品位的教师艺术家和伦理典范。

默恩斯认为每个学生内心都是诗人这一潜在信念,在"每个诗人都有他自己的个性之歌"这一表述中(p.45)清晰可见。正是这"个性之歌",这个内化而未写出的作品使默恩斯的平等教育学成为可能,也允许他回避教学中出现的天赋问题,区分一个诗人与另一个诗人的关键并非先在的、独断的天赋,而是看他们是否具有发现内心诗歌的耐心。对默恩斯和他的学生来说,将这些未写出的故事转化成文字展示出来的努力,并非主要是技巧问题,更多是等待和专注。

20世纪30年代,威廉·福克纳接受采访时说,是"材料本身""指挥着它应该怎样被书写"(引自默里,1989:112),或者就像威廉·斯坦福所解释的那样,"一本书总会自我发展和自我阐明"(引自加丁,1999)。到了更晚近的时期,默克斯里(1989:40)则认为"我们需要把所有的学生写作看作生成文本",将其看作探索的过程。

"自我"的概念同时也在第二次世界大战后的"怎样做"书系中被宣扬。随后的十年,它在其他理念的包围中被讨论,突出的观点为"后天的知识存在于自我之外、一种阅读中的质疑态度、自我表现正受到持续的压力"等(万德尔,2008:104)。将写作视为自我表现的观点逐渐在 20 世纪 60 年代末到 70 年代初流行起来,与之相伴的是对过程论教育者唐纳德·默里和彼得·埃尔伯主张的作为探索形式的写作的关注。

作为表现主义的第二指导原则,浪漫主义作为背离既定社会运行方式的运动起源于 19 世纪。它推崇个人主义和主观主义,感性超过理性,直觉凌驾于智力之上。保罗·道森(2005:27)在探索"创意"的演化及"创意"术语的一般用法上回溯得更远,直到 18 世纪中期的实践及人类创造力的概念,以及关于激发原创天分而非模仿天分的思索。这导致了"诗人从向古典学习到发掘他们自身创造能力"的转换,以及"作为个人表现的创意理念和 20 世纪关于'内在天才'的研究"(2005:27)。

道森认为,"在 19 世纪的诗学和 20 世纪的教育学中间"存在一种常见的联系,被注入了浪漫主义感性因素的诗学想象力观念也预告了 20 世纪 20 年代在美国高校系统中发展起来的创意写作运动(2005:50)。在这里,崇尚"自我""主观主义"和"探索"的自我表现主义与讲求"天才""想象力"和"神圣权力"的浪漫主义情感在更广阔的表现主义理论中相交。这些浪漫主义概念进入高校系统的逻辑被解释成为最终的方法。考虑到默恩斯的哲学,"相信起源于孩童的本质诗学能力和人类的创造力"(引自道森,2005:50-51),并把它与华兹华斯和柯勒律治在《抒情歌谣集》提出的诗学感性相联系,"通过保持和培养童年对自然环境的热情来唤醒日常的惊奇"(引自道森,2005:5)。道森在下面一段话中将以上这些联系了起来:

如果童年的特殊品质通过诗学的方式将原初天分保留下来,那么诗学,或者说"创意写作"就是一个孩童的创造潜能得以发展

的方式,就如华兹华斯所说的那样:"囚室的暗影开始笼罩/罩着正在成长的男孩。"(2005:51)

培养学生天生的能力成为教师的指导原则。除了诗性天才的浪漫主义概念和爱默生的创造力民主化,现代心理学认为潜意识创造能力是所有孩子都拥有的天赋,自我表现的发展作为创意写作浪漫主义的释放在30年代的学校中萌发。然而,作为一场教育学运动——包括许可理论、写作探索、自我表现、诗意感性的唤醒——当高校改革需要学习更多的基础技巧时,进步教育学在20世纪40年代到50年代之间失去了它的中心位置。但这场运动以更为激烈的形式在60年代至70年代之间重新反弹,吹捧自由的学校行为和不分年级的课堂教学。

现如今,新进步教育主义者希望在进步教育的根本原则上吸引更多关注。当如今的高校系统不再被表现主义的原则所指引时,创意写作为繁荣的高校实体,仍然继续关注自我表现原理和感性的浪漫主义。它延续的信念是"写作能力从根本上讲是关乎个人心理或个性的问题,一些特定的个性与生俱来,而一些不是"(梅耶斯,2005:115)。如今表现主义阵营教师的核心倾向是去鼓励个人探索,并帮助学生寻找他们的真实自我与独特声音。

(二) 教学实践

表现主义的教学设计将最高权威赋予作者,赋予作者的想象、心理、社会和精神的发展,并关注这种发展对个人意识的影响。艾布拉姆斯这样总结表现主义的创作过程:"艺术作品本质上是内在精神的外部创造,是在情感冲动下的创意过程中产生并体现了诗人的认知、思想和情感的综合产物。"(艾布拉姆斯,1953:22)

因此，每篇故事或诗歌的内容和视角都应是独特的、奇异的，反映作者的思想活动。表现主义教学法把艺术家视为创作过程中的关键因素，认为艺术家不仅创造了作品，还建立了评判作品的标准。因此，把意义置于作者（而不是放在文本、读者或其他不可名状的现实中）的教师，可能会认同忽视或贬低一切破坏写作纯粹性的还原主义理论。表现主义认为"在晦涩难懂中闪耀的是创造力的光辉"（波登，2004：14）。事实上，柏林（1987a：484-487）告诉我们，"思考特定读者对一篇文章的反应，并试图使一篇文章适应读者，这对表现主义来说是愚蠢的。他们相信一篇真正伟大的作品会在不需要作者自觉或特定意图的情况下找到自己的读者"。

此外，表现主义教学的本质鼓励原创（写作行为上）而不是模仿。艾布拉姆斯的《镜与灯》与我的教学法理论分类相似，书中指出了19世纪文学从模仿他人到创作原创作品的转变，正如从镜子到灯的转变。事实上，R. V. 卡西尔的《写小说》认为文学是对生命的模仿，将文学比作"对自我的模仿或表现"（引自万德尔，2008：104），并告诫作家要忠于自我发现。卡西尔在开头这样写道：

一旦我们对写作技艺有所了解，我们就会从专注于自己的经历转向关注公共世界的宏大叙事——写间谍或国会议员。但第一条戒律是要执着地回到我们自己的领域……从长远来看，对作家唯一的回馈应当就是他们会发现真实的自己（引自万德尔，2008：104）。

（三）发现与灵感

认同浪漫主义灵感说的教师"认为创造力本质上是神秘的"（波登，2004：14）。当然，按柏拉图的哲学和阐释学学说，包括他对修辞和诗歌的研究,他在定义艺术家时也表达了这样的观点。他说:"诗人是神圣的,只有当他获得灵感时才会创作,而且彼时他已陷入迷狂……因为他不是通过艺术来表达,而是借助神灵的力量进行表达。"(引自波登,2004:14)布兰特·罗伊斯特(2005)写过一篇关于创意写作课堂中浪漫主义迷思的文章,他承认在他的写作训练过程中出现过这样的状态:

> 我开始享受在电脑前工作的时间,特别是当我做的工作是源于冲动("灵感")而不是一种强迫("外力")……譬如在我的诗歌创作中,当某种感觉出现时,我对语词的选择、声音、内涵和结构的判断都完美和谐而自然。在这段时间里,我能创作出一页又一页的作品,当我敲打键盘、踱步、大声朗读作品时,我已被推入迷狂状态(2010:105)。

我不怀疑我们中的大多数人都经历过这种流畅的写作时刻,当灵感到来的时候,我们也不会探究它来自何方。华兹华斯的灵感来自"春天树林的律动",惠特曼发现他必须"俯下身来,悠哉悠哉,还邀请了他的灵魂"。而另一些作家则需要外部刺激来唤醒缪斯。对爱伦·坡来说,这种刺激就是毒品和酒精;柯勒律治坚持认为"《忽必烈汗》是鸦片醉梦的产物"(注释 2);罗伊斯特(2010:105)将他对浪漫灵感的个人体验描述为"明显的""几乎上瘾的"和"愉悦的",他并不惊讶这种"对写作过程的叙事普遍呈现出夸张的、浪漫的样态";心理学家米哈里·契克森米哈赖将其称为心流状态,"在这种状态下,一个人的情绪和表现力都将达到顶峰"(引自罗伊斯特,2010:105);罗伊斯特(2005:32)将灵感定义为"一群力量汇聚在一起的动态集合",同时,他也证实了作者书中看似灵感迸发的词句,实际上是表现主义阵营的教师在教学中肯定并灌输的一些格言警句。

表现主义可能认为，作为教师，他们的首要责任是唤醒学生沉睡的灵感，不仅要帮助学生挖掘自己作为作家的潜力，而且要在层层堆叠的社会的、人为的标签之下探寻真正的自我。这样一个宣泄的过程——通过写作、阅读或讨论——可以给教师带来价值感，也给学生带来启发。当然，让学生在自己内心寻找创作材料的策略（写作是一种自我修养的观念）是一种超越了表现主义课堂的特性。

在麦迪逊·斯马特·贝尔看来，罗伊斯特的例子中，将写作的内部过程视作一种创意写作教学法是一个被忽视的概念。他坚持认为，"由写作技艺驱动的课程，其最大的缺陷在于它们忽视了作者的内心过程。创造力、想象的内在过程没有得到充分讨论"（引自布莱斯·斯威特，2008：311）。甚至于爱荷华作家工坊的网站也声明"虽然我们也在一定程度上认同某种流行的观点，坚称写作是无法教授的。但我们依然存在，并基于才能可以开发并提高这一假设推进，将我们的可能性和局限性视作教学的视角"（注释3）。我们相信天赋天成与灵感推动将使创意写作成为个人的事业追求。

（四）表现主义工坊

受进步主义教育的影响，默恩斯对创意写作社团的教育概念的质疑便是"让个体用自己的声音说话"（引自道森，2005：56）。这一原则将成为当代写作工坊中表现主义最重要的基础。梅耶斯称大多数以工坊为基础的课程已经"成为'主观表现主义'的胜地"（引自伯特利，2007：Ⅴ）。工坊的物理陈设也在一定程度上促进了主观表现主义,因为"不像其他学科的教授……我们不做演讲,也不用讲台,我们把课桌围成一圈并告诉我们的学生可以直呼我们的名字……我们中的许多人……宁愿完全取消成绩,或者为创意写作课程建立通过/不通过的简单规则"(坎特雷尔,2005:65)。作为教师,我们绝不能成为不可侵犯的权威,"我们更愿意做啦啦队队长、助产士、教练或者其他类似的角色;而不是成为权威、写作大师、评论家或法官"(坎特雷尔,2005:70)。罗伊斯特(2005:37)指出,"创意写作工坊应该促进自我及其发言权的建立,这需要多方多义地对文本和写作技艺进行探索",而不是"通过对作家生活的浪漫幻想"。

(五) 如何处理浪漫迷思

占主导地位的浪漫的灵感迷思将写作过程视为神秘而诱人的、"本质上不可预知的",而且似是而非、难以界定,因为"它如何发生确实令人费解",同时"它的产生完全是非常神秘的"(波登,2004:11)。艺术家被视为天才,充满创造力;写作被视作非常简单——只需要一点刺激或灵感就可以了。这些围绕着创作过程的迷思告诉学生写作过程不需要太多的工作、练习或修改。查得·戴维森和格里高利·弗雷泽(2006:21)试图在诗歌创作的案例中消除浪漫的灵感迷思,他们坚持认为"相信这些艺术创作的迷思意味着接受这样一种前提:我们当中的一些人与创造力是一种'绑定'关系,其他人则无法习得"。

布洛维在鼓励自由写作的时候提出了灵感创作模式的一个版本,因为"许多作家都觉得自己是一个工具,而不是一个创造者。但无论你认为的这种可能性是卑微的还是神圣的,在没有自我监控的时候,你写什么都是有价值的"(莱希,2005:65)。才能被认为是天生的,灵感成为我们创造力与意义的源泉,而回看与修改过程都被否定或忽略,因为最初的作品才是"灵感带来的",任何回想过程都无法还原其本真,因此表现主义的课堂就会贬低为放任自流的浪漫模式。这种模式"从不在写作进程中挑战自我",因此吸引了那些认为自己已经会写作的学生,以及那些"只关心自己的自尊"的学生(莱希,2005:61)。戴维·加莱夫(2000:170)声称,在我们这个充斥着编造、营销和旁观的愤世嫉俗的时代,"孤独艺术家的光环"仍然在大众中闪耀。即使"这种感觉大部分是被误导了",加莱夫也承认"业余爱好者的热情……无论如何还是推动了入学人数的增长"(p.70)。罗伊斯特(2005:27)也视作者的浪漫形象"完全与社会脱节",他认为这些人走进现在的课堂,是"带着特定的天赋和目的,来投资写作技巧的"。此外,他还在诸如《作家纪事》《诗人与作家》等流行的创作期刊中看到了同样的现象。他指出这些期刊迷惑了写作学生,暗示创意写作是没法教授的,天赋是与生俱来的,习作者需要变得"独特、天才而多产",因此导致了一些学生在接受教育前,在进入学科前,甚至在还没有变成写作者之前,就觉得自己颇具天赋(2005:27)。这些浪漫的想法在"超凡创造力的奇闻轶事"的刺激下激增,比如杰克·凯鲁亚克在几周内就写成了《在路上》的谣言,他"疯狂地敲着键盘写出一页页的文字,再巧妙地连结成完整的长卷"(罗伊斯特,2005:27)。安娜·莱希把这种浪漫的观点延伸到那些进入我们的创意写作课堂的学生,安妮·拉莫特称之为"外行的幻想"。在这个过程中,人们倾向于"关注成功的作家,并想象他们每天早上都坐在办公桌前,感觉自己价值百万,对自己的身份、所拥有的才华和即将创作的伟大作品感觉良好"(莱希,2005：56)。

莱希(2005：56)指出:"我们的学生想成为那样的作家,并寻求能让他们实现这一欲望的地方。"随这种心态而来的就是"灵感的浪漫模式",莱希将其解释为,"作家其实没有任何真正的努力,对自己的诗歌或小说作品也不负责任"。换句话说,这样的写作并不是"真正的写作"(2005：61)。罗伊斯特(2005：37)进一步阐释了这一观点,指出"创意写作工坊应该促进自我及其发言权的建立,这需要多方多义地对文本和写作技艺进行探索",而不是"通过对作家生活的浪漫幻想"。

浪漫的迷思也会暗示作家有创作技艺的秘籍,如果将这些秘籍披露出来,"肯定会使艺术过程失去辨识度"(范德史莱斯,2006：149)。在我的创作工坊调研中,我曾问过创意写作教师这样一个问题,他们如何让创作工坊的课程保持活力和健康,一位教师拒绝分享她的工坊实践,并称"我不会泄露自己的秘密"。但总体来说,在当代的创意写作课堂上保守创作秘密,似乎也没有什么大问题,但基于过程的写作模式中作者的创作谈和写作过程总会在文章、文集、访谈中被公开发表出来,我们也越来越多地揭开了创意写作过程的神秘面纱,并以一种更明显、更具体的方式与他人分享我们的方法。

那么,对浪漫迷思的敏感是否会对我们学生的写作产生积极的影响呢？我认为所产生的积极影响至少有两点:首先,浪漫迷思重视创造力和创意。这足以激励学生,并赋予他们进入我们"创意"写作课堂的勇气。它让我们认识到"创意"是一种重要而严肃的事业。创造力要求工作、实践、阅读——它的对立面是对劳动的反对,或是认为纸上流淌的文字都是缪斯的恩赐之类的观点。查德·戴维森和格雷戈里·弗雷泽建议学生们把诗歌（和小说）的写作和体育或舞蹈类比联系起来，并认为如此会对他们的理解有所帮助：

所有没完没了的任意球技类练习都会在比赛中得到回报，所有程式化的舞蹈动作一旦被内化，舞者就能在舞台上自如挥洒。学习是为了忘却，内化是为了能自如地运用知识，而不必去刻意回想。一个人的学习必须自然化、具体化、行动化。（戴维森和弗雷泽，2006：21）

他们认为，必须消除浪漫迷思的部分原因是"考虑到这是对语言的独特运用，这样可以帮助未经训练的作者忘却他们先入为主的观念和偏见"（p.21）。

此外，重视创造力——作为一种积极的浪漫迷思——可以让我们的学生在写作中承担风险，并领会到他们写作团队的同龄人也在承担风险。此外，浪漫迷思将写作与美、真理和独创性联系在一起。相比起结构文学或理论阐释，反思文学作品的美——它的语言、声音、意象和编排——是一种全新的思考。就这一点而言，我们的责任在一定程度上是让浪漫迷思的积极方面发挥作用，使其理论有力地支持创意写作。这种关于思想起源的讨论在创意写作中很重要，它削弱了诸如"天赋是固有的、本质的；创意写作很大程度上甚至完全是个人的追求，以及是灵感而非教育才是创意的驱动力"等其他的迷思（斯万登等，2007：15）。

（六）社会学视角：通过拉康的镜头

一些教师将他们的权威作为与学生合作达到疗愈目的的手段。例如，布鲁克采用了表现主义学者彼得·埃尔伯和唐纳德·

默里的反应型教学,通过拉康理论的视角探索了写作教学法的不同版本。布鲁克说:"这些教学策略之所以有效,是因为它们连接了一些基本的心理动力学过程:自我和他者之间的相互作用,尤其是当作者把他者理解为全知主体时。"(布鲁克,1987:680)

布鲁克的教学策略涉及一种"非指令性"的方式,即"迫使作者'自己去解决问题',对自己的文本做出回应"(p.680)。这种开放式的写作方式可以让学生拥有写作的自主权,而不是再现教师的创作。布鲁克将他的"投射和反应过程"类比拉康的精神分析移情理论。他通过保持足够的沉默来促进移情,就像心理分析师所做的那样,耐心等待学生在回答他的开放性问题时预测教师的应答。对布鲁克而言,作者对了解文本的权威人士语言不断变化可能产生的感受,并作出回应:他通过对教师倾向观点的预测作出回应。布鲁克的教学策略通过在课堂上介绍自白与其他个人叙事的散文,也为真实秩序的写作打开了空间。

同样,大学一年级作文教师卡罗尔·德勒汀内尔(1992:209)在她的文章《过界》中说,她的学生就是她的同志。在她的课上,他们"花很多时间阅读、写作和谈论疼痛"(p.209)——这是一种拉康式真实秩序的表达。此外,朱迪斯·哈里斯(2001:181)也提到了真实秩序的概念,认为"精神分析教学法支持写作可以疗愈的观点,因此,从长远来看对学生来说,这比其他社会认知教育学发展出的本科写作课程更有意义"。

同样,马克·布雷彻(1999:175)指出写作课堂上真实秩序表达的可能是通过"自我反思的学生日记,自剖式写作的实验",伴随"有关文学和其他文化现象的写作"。他认为:"如果教师让学生探索自己的本能反应,那么这些写作场可以为记录真实的力量提供

空间,学生的感受将以安全而有效的方式表达出来。"(p.175)

对大多数教学实践者来说还有另一项艰巨的任务。"许多教师感到棘手的是为学生提供表达真实的空间——让他们体验、表达和审视自己的情感和激情,以及他们的欲望、厌恶和享受"(布雷彻,1999:175)。教育心理学的反对者们借鉴了浪漫主义理论,虽然认识到同样的困难,但他们更关心的是,我们的学生释放了无意识的冲动(或"灵感",如果继续使用浪漫主义语言),但教师却对因此而带来的危机缺乏处理训练应对的方法。同时,学期课程与学生每周仅有一次的碰面机会,教师并不实际拥有对课堂的约束力。南希·韦尔奇(1996:46)认为,写作教师有充分的理由抵制将课堂建设为心理咨询室,或将"移情"和"反移情"的精神分析概念接受为无可置疑的教学前提。这让我们停下来思考显示我们的学生中有很大一部分人患有抑郁症的统计数据(我们不能忽视媒体对校园暴力的关注及其与创意写作表达的"假定"联系),因此,对许多人来说扮演大学校园中的前哨角色(如果我们真正去做),为我们学生的写作甚至生活与生命保驾护航其实是非常困难的。

韦尔奇还提到了托宾(1996:33)的观点,"如果我们不承认、不处理,学生和教师之间移情和反移情的交互动态在写作课上是最具破坏性和抑制力的"。她坚持认为:

……这也是因为移情的破坏力——潜在的误读、误解、怨恨,潜在的滥用,甚至伴随着将自我认知改写为他人的精神暴力,我不能认同托宾所说的:"在我的写作课程中,我想要干预学生的情感生活,同样我也希望他们的写作能介入我的。"(p.33)

同样,虽然安·墨菲(1989:178-179)承认,写作教学会引发

一些与精神分析同样强大的移情和抵抗力量,但她呼吁:

  坚持……让一个学生探究他对父亲的感情、他的男子气概、他祖母的死亡,只为了激起一个更"真实"的声音,这可能既鲁莽又危险。我们有心理上和习俗上的力量来引出这个问题,却没有解决它的训练和语境。

  她提醒其他人,"我们作为教师或是心理分析师,引发了这些无意识的力量,引发了与语言恶意的遭遇,并且在制度环境中,我们又扮演着弗洛伊德三位一体中那个不那么亲切的角色——政府官员"(p.175)。虽然有人承认,人们所熟知的"创意写作的话语已经被浪漫主义彻底贯穿了"(梅耶斯,2005:116),一些教师也准备承认它对教学的影响,但对其他人来说,任务困难之处在于与拉康的象征秩序间的拉锯——"让学生去体验、表达和审视自己的情感和激情、他们的欲望、厌恶和享受"(布雷彻,1999:175)。虽然我们都知道,学生们大多是从他们的个人经历中提取虚构的故事(我们也这样做),但对许多教师来说,困难之处在于学生们会在不需要任何外力影响的情况下,就承认他们"虚构的"故事是"真实的"。有时,他们所选择的个人经历会让教师感到不舒服,因为教师不确定自己的学生是否已经准备好去应对其中浮现的情绪。一个教师怎样才能不被阅历所影响,在没有误解的情况下钻研学生的文本呢?表现主义教学法的挑战在于要对学生生活中的点点滴滴做出反应,换句话说,这是一些人对教师的期望,希望他们能从小处着手,把控住侵蚀学生心理的情绪。尽管这种类型的写作可能确实有疗愈效果,但正如朱迪思·哈里斯所说的那样,一旦学生的自我意识消失了,或者他们在课堂上表现出消极和抵抗情绪,教师又该如何应对呢?

路易斯·罗森布拉特承认,当学生们独自阅读和写作时,他们经常会暴露出一些"冲突和困扰",从而诱使教师直接处理这些心理问题。尽管她举出了一些学生从这种互动中获益的例子,但她最终还是警告教师不要"干涉学生的情感生活",因为"在这种关系中,教师其实是不可信任的"(引自托宾,1991:342)。

教师们也不能幸免于自身个人问题和价值观的影响——不管是什么——他们会把这些个人事务带进他们的创意写作课堂。罗森布拉特认为,"教师们自己也在紧张情绪和挫折下工作"(引自托宾,1991:342),墨菲提醒我们,这些教师"本身往往是没有终身教职的兼职职员——其中许多是女性——他们与学校的关系其实很脆弱"(墨菲,1989:181)。如果对于教师来说,承担额外的责任,充当"拉康式的心理分析师"是不公平甚至不安全的,学校可能通过解散他们的课程从而威胁到他们的工作,那么又凭什么期望教师承担这个角色时是"天真烂漫"的?(1989:181)然而,托宾等人认为"写作教学是为了解决问题,无论这个问题是个人的还是公众的"(1991:342)。托宾认为:"我们不可能两全其美:我们不能在制造兴趣的同时否认紧张感,也不能在颂扬个性的同时否认个性的重要性。"(p.342)这是一个有趣的两难,也是如今教师们经常面临的问题。

我们可以通过加强我们学生的身份认同的方式,帮助他们学习如何运用语言的力量去发现、创造和传达意义。虽然我们可能并非刻意地去干涉学生的生活,但在某种程度上我们可能已经干涉了。当一个学生问她是否可以在诊所关门前15分钟去买避孕药,或在辅导时间说她因为流产错过了最后三节课,或者当学生写到他的罪恶感,因为他本应该意识到他最好的朋友要去自杀,或者当另一个孩子第一次意识到自己的性取向不是异性恋时,你很难不去干预。

最近,我参与了一个大学生写作比赛的评审工作。有一本写得很好的充满痛苦和悲惨的、关于乱伦的回忆录式的作品。细节非常具体,而且由于案件仍在诉讼中,要发表这样一篇有力度的作品,其合法性是相当存疑的。最终由于诉讼问题,这篇文章被淘汰了,但是学生的故事与我们产生了共鸣,无论我们是试图保持客观还是决定干预。毕竟,我们在一个20人的小课上培养了学生的共同体意识,是我们将他们放在小组关系中,也是我们让他们更容易打开心扉。

无论是教师在课堂上支持还是尽量避免自我表达,移情和反移情的问题都不容小觑。教师如何回应学生在课堂上的写作与行为是受其自身的无意识、欲望和个人身份驱使的,不论教师如何坚称他是客观的。更重要的是,南希·库尔作为权威教师,已经开始探索可以做些什么来建立"一种将艺术与个人幸福关联起来的模式"(库尔,2005:11)。也许作为对新批评的阅读和评价规范的一种反讽,有一种观点认为当写作是自我表达的时候,"任何创造性的工作只能用它所制定的标准来评断"(库尔,2005 11)。这种模式(在如今的写作课堂上并不少见,而且与新批评的价值观相去甚远),由于其相对主义,使得"任何课堂权威都毫无意义,甚至可能通过消除所有固定的评判标准来解除对导师的需求"(库尔,2005:11)。

我同意托宾的观点,他认为我们不能否认移情在师生关系中的重要作用。毕竟,我们不可能不受学生的影响,他们也不可能不受我们的影响。我们不能"仅仅把注意力放在写作过程和作品上,就好像它存在于一个失去语境的孤立关系中一样"(托宾,1991：341)。是的,我们可能会不安地承认,在学生的生活中,我们承担了全知主体的角色,因为在学生的写作中出现的那种"敞开",以及我们对这种写作的反应,都涉及移情和反移情。然而,由于移情和反移情牵涉到自我、他者和师生关系的图景,我们需要更有建设性地分析、解码我们写作指导背后发生的事情。理解拉康关于真实、想象和象征秩序的理论,以及移情和反移情的动力,就是一个很好的起点。

(七) 表现主义教学法：最终结论

浪漫主义的术语,比如"创造力""个性"及柏拉图对"美丽"和"真理"的指向在写作过程中很少受到质疑。当然这在我们学生的意识中也是根深蒂固的。和罗伊斯特的学生一样,在我的创意写作入门课上,当作品的起源受到质疑时,作者们也会受到怀疑。他们说灵感来源于心灵或灵魂,尤其是诗歌创作。他们想用抽象的东西来体现"自我"和表达暧昧的情感——他们会用长篇大论来阐述人物或叙述人的感受。作为一个浪漫主义概念,灵感说的问题是对作品的所有权。如果作者仅仅是缪斯说话的媒介,那么谁又能对艺术作品提出看法或意见呢?即使专业作家也不会否认这种不尽的精神动力使每个人都能有所行动。

当钻研学生在浪漫主义意识之外的另一条路时,我们应该和我们的学生一起研究他们的想法是从何而来,图景的触发方式,以及角色或情感的行为。我们应该通过具体而生动的细节、脚踏实地的研究和经验,将学生浪漫的抽象概念落到实处。毕肖普(1990：64)实践了这一观点,她要求学生列出他们的创意来源——

"他们在哪里找到他们的灵感"。她告诉学生她在跑步、购物或阅读其他作家的作品时获得了写作灵感,这一任务首先注意到了思想进入我们头脑的方式,并从整体研究故事/诗歌思维的萌芽与意象、语言形成之间的逻辑和相互联系。

进入创意写作课堂的学生一般通过建立一种普遍的意象来联结写作与自我发现。库尔采用有效而灵活的教学策略来具体化这种认知。具有独特趣味的地方在于,她会"给那些不太擅于讨论问题的作者布置阅读任务",同时,她会"邀请当地的作家和写作教师去她的课堂上,讨论他们的写作过程及写作的原因"。诸如此类的阅读和讨论不仅支持了她的观点,将文学写作与普通书写区别开来,而且阐明了写作过程是一种复杂而重复的实践。

最后,我还想强调两点:首先,在考虑浪漫主义理论存留的程度时,我的讨论开始于道森(2005)对18世纪理论的回顾。他提醒我们,强调的重点应放在艺术家作为天赋来源以及想象的创造力量这两方面。这些理论说明了"创意写作"(由爱默生提出,由默恩斯命名)是如何一步步与"任何方式的学习都没有必要,写作只要依赖自然能力与自我表达的感觉,而不是对概念的研究"这样的观念联系起来(2005:29)。浪漫主义与它固有而非习得的行为之间的联系,在一定程度上导致了对批判性学术学科功能的困惑和误解。道森认为,"当一门学习课程给自己贴上创意写作的标签时,就会有人抱怨说,写作是教不了的。而大学这个进行高等教育工作的地方,又似乎与创意能力的概念背道而驰"(2005:29),表现主义教育学更加深了这一分歧。其次,表现主义课堂的学生在自我表现和浪漫主义两种实践模式的主导下,可能会失去学习他人叙事和写作方法的机会。

五、摹仿论的模仿功能

(一) 历史溯源

摹仿论起源于五世纪希腊哲学家对艺术的解释,但在更早以前,苏格拉底就已经告诉我们,这种原始的美学理论在"绘画、诗歌、音乐、舞蹈、和雕塑等艺术形式中"是非常普遍的(引自艾布拉姆斯,1953:8)。模仿的形式在亚里士多德的《诗学》中表达为"史诗、悲剧、喜剧和酒神颂"(引自艾布拉姆斯,1958:9)。在亚里士多德的《诗学》之后,艺术是对世界的模仿这一信念又延续了很长一段时间,直到18世纪,英国批评家们对摹仿论的性质作了更为狭义的定义。它在16世纪的意大利最受欢迎,因为在他们对"艺术"的定义中,批评家们常常把作品的表达视为一种模仿。然而,在18世纪,英国的批评家们在对艺术进行定义时,对其模仿来源进一步限定在更精细和狭窄的范畴内。尽管模仿教学法被浪漫主义的语言概念和自我起源论所打断,但它仍然在我们的创意写作教学的教学模式实践中普遍发挥着作用。

(二) 教学实践

摹仿论或模仿理论的教育学设计以"艺术模仿表象世界"的概念为前提条件(艾布拉姆斯,1953:8)。艾布拉姆斯认为,艺术即模仿理论的形象,虽然在"新古典美学"中令人陶醉,但在大多数理论中并没有占主导地位。因此,它"对读者来说更具有工具性的影响"(p.11)。

认知过程理论家和社会建构主义者在20世纪80年代挑战表现主义观点的原因之一是他们将写作视为一种认知活动——也就是说,作为一种智力过程,学生可以通过模仿优秀或经验丰富的作家的行为来学习如何写作(毕萨罗与麦克拉纳罕,2007:81)。事实上,迈克尔·彭伯顿(1993:42)在《模型理论与作文教学模型》中指出,"在科学研究中,具象模型已经作为工具被广泛地应用,可以被认为是一种常见的经验方法"。换句话说,当作家探索/模仿不同类型和形式的写作表达时,在科学研究中作为工具的模型理论也能与创意写作产生联系。这种模仿实践使我们的创意写作学生建立了无风险实践的基础,也使他们可以从中获取知识、进行实验和探索,并在赋予他们自己写作权威方面迈出了渐进的步伐。模型理论帮助我们的学生将世界和流入他们周边生活的刺激概念化。

模仿帮助我们的学生认识和理解经验丰富作家的写作技巧和写作模式,以及已经确立的流派惯例,将它们作为开始实验性和自主性实践的起点。

将模仿或模型论作为工坊实践是尼古拉斯·德尔班科(2004)所著的《最真诚的形式:小说摹仿论》的主题。尽管德尔班科没有将此技术与20世纪80年代的认知过程论相联系(事实上,他一直在追溯我们摹仿论起源的证据),但他认为"个人表现"在这种情况下,"甚至可能是一个错误"(p. XXI),"在我们对自我表达的追求"中我们忘记了那句老话"太阳底下无新事"(p. XXII)。虽然认知论者会将写作入门者的实践与那些有经验的作者相比较,但大多数人都会同意,我们作为工坊教师的任务通常包括提炼出经验作家如何有效地使用特定的技术和故事情节。德尔班科将这些技术和实践称为"通向真实"的指南或途径(p. XXVII)。

模仿是一种虚构策略,许多创意写作教师在今天的课堂上发现了这一策略的有效性。学生通过模仿练习一种特定的风格或学习技巧是有效的。这种策略在使用上主要有两大缺点:首先,基于这种基础发表的作品会增加文学的同质性(雷蒙德·卡佛式的简约主义,海明威式的简单语句,西尔维娅·普拉斯式的自白诗);其次,试图立志于"伟大作品"可能会让学生觉得力不从心。

如在安妮·伯奈斯和潘特·佩尔斯的《会怎么样:小说家的写作练习》(1995)以及在由罗宾·贝恩编辑的《诗歌实践:诗人教师的写作练习》(1992)中所发现的那样,写作的提示和模型,是我们教学法中摹仿论的主要方法。虽然模仿练习对于学生练习各种风格或帮助学生入门时非常有效,但是因为关注点较为单一,这种方法也有其局限性。通过学生和小组的研究与展示可以补充与扩展其实用性,例如通过对文学期刊中不同视角的展示来阐明其批评功能,探索市场偏好,以及在进行实验性目的的风格模仿练习时引入创意。

我特别感兴趣的是即兴作业,让学生们写一首适合于文学杂志的诗(或故事)。梅耶斯(2010:103)在课堂上使用这一作业形式之后指出,这种模仿而来的风格可能会导致这些工坊中创作的诗歌,"没有任何一般或抽象的美学特质,只是根据从课堂讨论中得来的对刊物细节的了解,或是基于小组课题(的作业)"。这并非出版实践的练习,而是梅耶斯所发现的"让学生思考(即使只是粗略的、基本的)作为潜在读者的编辑可能如何看待他们的作品"(p.103)。虽然这含有较多的读者反应论内涵,但在其基本实践中,它是基于模仿理论的。

摹仿论教学法的前提是,学生必须在理解写作的基础上再去复制它们。为领会教师是如何在创意写作课堂中做到模仿优先,以及这种做法对教学、阅读和写作的影响,我们可以看看雅克·德里达的阅读和重读实践。他声称:"我们有必要一遍遍阅读那些给我们写作以启发的作品,那些我在页眉和行间进行标注的杂抄,并同时阅读同质和异质的文本……"(引自米诺克,1995)教师使用模仿理论强调了这样一种原则,即"如果你理解别人的故事是如何构建的,你就可以着手建立自己的故事"(德尔班科,2004:Ⅹ Ⅴ)。建立自己的故事或诗歌通常始于创意写作课堂上的模仿实践。

(三) 社会学视角:通过拉康的镜头

拉康的见解使我们更好地理解了模仿在我们的教学法和创意写作课堂社会学视角中的重要性和作用。特别是在任何关于模仿主题的对话中,重要的是铭记"语言不是将读者与听众视作空置的容器进行简单的注入;而是经过现有的内部语言进行修辞谈判的过程转换成——用巴赫金的概念来说——'内在说服力'"(米诺克,1995)。这种转变从语言和风格的实践开始。关于模仿与拉康对镜像阶段的理论有什么联系,我们可以再次从儿童对语言的初次进入、符号秩序和移情概念的角度来解释。简而言之,拉康看到自我在与他人的对话中不断发展;从概念上讲,我们通过对他者语言细微差别的辨别来试图建立自己的身份。这些无意识的交换在镜像关系中表现出来,就是分裂的自我向教师(无意识的化身/镜像的自我)寻求答案或信息。

因此,拉康的理论对教学法和摹仿论的影响与这些交流中出现的悖论紧密相关。作为教师,当我们延迟学生对我们作为全知者的期待时,可以帮助学生理解、吸收和模仿。即使我们接受移情的过程,我们也要抵制传统的学术反应,将学生作为容器用快消知识来填满。取消我们自身的权威与"文本的权威,鼓励学生用文本进行对话,这种对话通常基于无意识的欲望"(米诺克,1995)。玛丽·米诺克(1995)在她的文章《走向后现代模仿教育学》中把这些无意识的对话称为"适当的非理性反应",正是这些反应"激发了学生对文本的极大关注,激发了他们反复阅读和回应的意愿"(以德里达的方式)和"无法预测的高模仿程度"。

(四)摹仿论:最终结论

摹仿论在创意写作课堂中有其自身的地位。我们教学生从世界中汲取素材,去练习别人的创作形式和技巧,这样他们就能在对其可行性认识的基础上将这些模仿进行实践,最终变形为新的结构,使其成为原创。我们为学生们打开这扇门,让他们在镜像中学习。在《关注的艺术》一书中,唐纳德·雷维尔(2007:8)提到了来自关注的亲密感。他解释说:"正是诗歌的亲密感使我们的艺术成为如此美丽的道路……对诗歌的观察自始至终都不会被蒙蔽,也不具欺骗性。"相反,他说,"在创意写作与创意阅读共享的亲密关系中(诗人通过写作来阅读世界),我们一次次展示自己的作品"(p.8)。

摹仿论的优势是持续不断的观察,学生必须在阅读过程中最终找到自己的眼界。正如沃尔特·惠特曼所言:"你也不会通过我的眼睛观察,从我这里去获得一切。你将静静地向各方倾听,经过你自己而滤取它们。"(引自雷维尔,2007:9)

六、实用主义读者反应理论

(一)历史溯源

读者反应理论起源于18世纪末和19世纪初,英国文学成为学院课程的一部分之前。在大学校园里,文学社团的成员们组成小组,互相评判他们对之前读过的一篇文章的反应。简·P.汤普金斯(1980:206)将当代读者反应理论与古典文学评论联系在一起,因为"像柏拉图、亚里士多德、贺拉斯和朗基努斯这样的学者,都主要讨论文学对受众的影响"。伊格尔顿(1983:74)在更严谨的基础上,将"接受美学"或"接受理论"称为"相当新颖的发展"。他将读者反应理论作为现代文学的三个阶段之一,认为第一个阶段是浪漫主义和19世纪"对作者的关注"(p.74),接下来是新批评"只关注文本,最后是将注意力明显转移到了读者身上"(p.74)。

通过这种描述,伊格尔顿将现代文学的历史与传播交流中意义的定位联系起来。他的分类类似于柏林修辞三角的表述,艾布拉姆斯的艺术交流和我的教育理论分类。读者反应理论并没有被明确定义为文学批评的"理论",而是认识论的理论,因为它解释了读者对文本的认识。

(二) 教学实践

如伊格尔顿(1983:74)所说,"就文学的产生来说,读者和作者一样必不可少"(p.74)。对于艾布拉姆斯(1953:15)来说,这种实用主义理论认为"艺术作品主要是作为达到目的的手段及完成目的的工具"。斯坦利·费什(2005:32)也认同他所说的"意义是一种体验;它出现;它做些什么",它会驱使我们行动。约翰·希亚迪(1959)在《诗词达意》中认为,对读者而言,意义可以从内在情感开始,以一种人性共鸣的方式打动我们。希亚迪认为,在诗歌中"更进一步的话:一旦一个人学会将诗歌作为诗来体验,就必然会产生一种感觉,即他也在体验自己作为一个人的感觉"(p.667)。

费什断定意义不存在于文本中,而是存在于读者中,或者更确切地说,存在于阅读群体中。他说:"在写作与阅读的过程中,我要呼吁将读者的行为置于关注的中心,在此读者不再是被指向意义,而是应认为他们自身就拥有意义。"(2005:158)对费什来说,文本不具有稳定的含义,因为它的解释对不同的读者与阅读过程而言都不是一成不变的。以最简单的形式来说,读者反应教学法的核心是教学生如何"把一首诗(或一个故事)设想成是为了在读者中引起必要回应而创作的"(艾布拉姆斯,1953:15)。我将把艾布拉姆斯的"必要"(及"必须")一词替换成"应然"(及"应得")一词,以强调一种更积极的态度,即文本是欢迎读者观点的。事实上,伊格尔顿认为,文本"只不过是给读者的一系列'暗示',是把语言建构成意义的邀请"(p.76)。

可能因为读者反应理论是最新的方法,它还没有在教学法中占据主要地位。然而,它确实使作者从孤独的阁楼中离开,转而认识到他是"某个社会环境和历史时期的代言人"(罗伊斯特,2010:105)。这种范式的转换打开了新的领域,在写作过程中,就可以置意义于读者。同样,范德史莱斯(2006:147)虽然也承认写作的孤独,但她也客观地认为"学习这种技巧是至关重要的,它是一种革命性的理解,写作不仅是为了自我表达,而且是为了与读者交流"。

此外,斯蒂芬·恩萧(2007:76)认为,"用自我的需求来为写作导航并非易事",因此,作家们更喜欢读者的回应,因为他们为作品赋予了"与之相关的艺术复杂性,一种很明显的,当艺术仅理解为传记时所缺乏的复杂性"。当意义不因为某些"好作品"的成见而仅仅只是一串黑色符号时,文本就会变得"取之不竭,比任何个体的领悟都要丰富得多,因为它有能力获得不同的领悟"(伊瑟尔,

1978：280）。对"不需参考外部现实就能相互作用的连续语句"的阅读互动（这是时间的过程）就能提供意义（伊瑟尔，1978：280）。

读者反应理论是创意写作课堂中的一种复杂动态，因为阅读过程总是在运动中，总是在转换。考虑到这一点，南希·萨默斯（1980）在《学生作家与经验作家策略修订》中反对线性学习模式的论点也适用于阅读。换句话说，我们知道写作不是一个简单的线性过程。事实上，这是一个修正的循环，伊格尔顿称之为"阐释循环"，一个"由部分化为整体再化作部分"的过程，并以这种方式阅读循环（p.77）。读者将自己的偏见、信念、成见、对普遍真理的期望和假设（如文体观念）带到作品中，这些都会与作品的阅读产生交互影响。从某种意义上说，可以说学生是在作品中阅读自己——反馈、调整、发现线索、处理和修改自己的观点。作为一名学生，他把自己代入阅读中进行推理，寻找罗曼·英格登所称的"一套'纲要'，或者总体说明，还需要加以实施"（引自伊格尔顿，1988：77）。这一过程的结果是，读者"填补空白"和"测定预感是否正确"，"而做这一切意味着运用自己对一般的世事和具体文学常规的不言而喻的知识"（伊格尔顿，1983：76）。

我们的学生在课堂上无论是阅读专业作品还是同伴们尚未完成的故事或诗歌，都充满了伊格尔顿所谓"'不明确的'元素，它们的效果如何取决于读者的阐释，而且可以对它们作出许多不同的甚至自相矛盾的解释"（pp.76-77）。要求我们创意写作入门的学生进行这种阅读是不现实的。一方面，写作工坊的模式中，要求学生们知道如何作为一名作家阅读，并能为同伴的手稿提出有价值的反馈是不恰当的；另一方面，教师和学生需要从新批评和表现主义阅读方式，转向更为协同的，同时考虑读者和文本的阅读方式。

(三)如何将读者反应理论带入创意写作课堂

虽然作为读者,我们提出了自己独有的推论、信念和期望,但沃尔夫冈·伊瑟尔(1980:79)基于自由人道主义意识形态的接受理论——要求我们"准备好质疑自己的信念,并允许它们转变",以实践伊瑟尔(1980:79)所称的"灵活、开放的阅读过程",我们或许可以考虑读者反应教学法如何为这种转变做好准备。伊瑟尔谈到了文本发挥作用的"策略",以及它们所包含的常用主题和典故的"保留曲目"。他认为:"阅读时我们需要熟悉特定作品所使用的文学技巧和成规;我们必须对它的'代码'有一定的把握,这意味着可以系统地控制产生意义方式的规则。"(引自波尔金霍恩,1988:97)对于不受诠释批评束缚的创意写作课来说,伊瑟尔仍然与我们相关联。作家从写作者的视角对文本进行阅读,通过这样的做法,了解作者所采用的技法,并就诗歌或小说的形成过程,包括作者所做出的选择,不同的组织原则和技巧选择对作品可读性造成的影响等方面了解文本的编纂。学习如何以作者的视角进行阅读,了解作家所做的选择,欣赏这些技巧对故事可读性的影响,以及想象如何使之变化,这些都是初涉写作之人必备的实用技能。

然而,我们目前的阅读实践和我们的教师限制了更多样、更复杂的,以及考虑了我们学生之间差异性的阅读方式。对灵活教学空间的探索,鼓励我们去思考如何使我们课堂上的空间更加开放和愉悦,通过改变我们的阅读体验和方法令我们的工坊更有深度。如果阅读阐释的可变性证明了阅读行为是一种创造性的、积极的参与,而不是被动的接受,那么什么样的教学实践才能最好地帮助我们的学生扩展他们的读者反应意识,并运用新的方法来处理他们的写作过程呢？此外，创意写作在读者意识领域仍处于新兴阶段，如何将此写作和文学研究理论融入我们的教学实践中呢？为了进一步发展，我们要如何从这些理论应用中获得教益，将它们转化为我们的实践，与我们的作家式阅读理论结合起来并形成新的阅读理论乃至新的课程发展？我们将在实践安排中探索上述这些问题。

（四）读者反应意识教学

在创意写作的入门课程中，学生几乎没有作家式阅读的经验。事实上，作文教师科林·埃尔文（2010）质疑了为什么如此有力的教学实践下，学生的阅读水平仍然如此糟糕。他所收集的数据表明，学生的阅读能力可能受潜在的生理和认知的影响。我们可以探索埃尔文的发现，因为它与我们的创意写作学生有关。例如，我们的初学者发现他们从整体上理解同龄人的作品时会表现出一些认知功能障碍。尽管教师要求学生从整体上思考一首诗或是一篇小说，学生们仍然倾向于评论更表面的问题；正如埃尔文所说，他们变成了"错误狩猎者"（p.136）。他引用了埃里克·J.保尔森、乔纳森·亚历山大和索亚·阿姆斯特朗进行的一项关于学生眼球运动的技术研究的论文《学生互相评价之观察：关于作文学生眼球运动与相互评价的平行研究》，表明"与论文中的其他词相比，参与者会更频繁地关注文章中的小错误，关注时间也要长得多"（引自埃尔文，2010：136）。

为对这一信息进行补充，埃尔文从后处理理论家托马斯·肯特和唐纳德·戴维森的学说中发现，写作（除传播交流外）在"本质上来说基本是逻辑悖反的，而非线性条理的"（p.136）。这项研究证实了费什与伊瑟尔的认知报告,我们的学生在接触文本时对其意义有先入为主的成见,因此,"阅读涉及一系列习得的高语境阐释猜想"(托马斯·肯特和唐纳德·戴维森,引自埃尔文,2010:137)。在这里我需要指出,让这个过程更加复杂的是学生的基本阅读技能不仅来自长期的线性阅读实践,而且此实践给他们的阅读方法带来的一些假定,甚至已经很大程度上进入了他们的潜意识。认识到这一点,教师就可以构建出另一种替代的教学方法,既对学生的现有阅读能力提出挑战,又能帮助学生获得进阶的、多样化的阅读。

我们的学生在阅读实践中首先遭遇的挑战便是揭开自身对阅读的假想、信念和期望。例如,拉里·安德森(1991:144)在给学生的文学导读课上将读者反应理论作为一种新的阅读方式来介绍。为给此方法奠定基础,他提出了两个重要的假说。第一个假说是"没有脱离语境的话语"(1991:144)。安德森告诉他的学生,"修辞一直把话语视为一种社会现象,文学当然也可以被这样看待。"他的教学方法遵循一种基本的修辞原则:"要理解话语,必须理解它的语境",并意识到总有"各种各样的力量……始终存在:历史、社会、政治、文化和情境"(p.144)。他的第二个假说是"没有所谓的随机话语",因为"修辞使所有语言都具有目的性"(p.144)。他利用传统的沟通三角,勾勒出作者、读者和语言之间的交流。

虽然安德森的教学法出现在文学导读课上,但它不难适应创意写作的课堂,并可以获得同样的效果。他把一个短篇小说分发给全班(他一般用华盛顿·欧文的《矮胖绅士》),并要求学生在阅读后作出回应。完成这个作业只需要两个步骤:学生写一篇读后感,并解释某些写作技艺元素(情节、人物塑造、环境等)如何影响他们的感受。安德森与学生分享了他们的回应,以说明他们将何种假设、期望和偏见带进了阅读中。在此基础上,他将讨论进一步往前推进,以便学生们能够回应他们隐含的前提。他问他的学生"小说的'观点'是否可能对读者产生影响?我们是不是可以将范围扩大到所有小说,甚至认为所有的文本都能对读者产生影响?"(p.143)这就是安德森可能将创意写作课程与读者反应理论相结合的地方。

安德森已经很接近真理,但仍有未企及之处。虽然讨论了故事或诗歌的技巧和结构,创意写作作家并不一定好奇故事的观点是否会产生效果;或者说,因为我们是作家,我们仅考虑作家的选择,以及这些选择如何影响我们的阅读——这就是区别所在。作品效果可能与悬念、可信度、人物动机、情节的复杂性、风险的增强以及语气或导向的转变等有关。在这一点上,学生们在试图想象诗与诗、故事与故事之间的不同或某一点的不同时,可能会问"读起来会怎样呢?"因此在创意写作讨论中缺失的正是安德森教学法所提出的读者反应的视角。这种读者反应策略可能会加强学生的参与和对话空间的开放,使作家式阅读和学生在阅读每一篇文章时所受假设和偏见的影响之间产生连接、断层、冲突、互动——或以上行为的任意组合。此外,当我们考虑不同的、往往相互矛盾的读者反应时,也有拓宽故事或诗歌结构的机遇和可能。

(五)读者反应策略教学

让创意写作的学生更了解阅读反应是引入他种阅读实践的关键第一步。毕萨罗(1993)的《学生诗歌反馈》一书除了提供关于文学研究理论和师生角色的有用信息外,还提供了他在阅读、评论和评价学生诗歌上的若干应用。在"教师须知"的标题下，毕萨罗强调必须"调整对作品修改的看法，减少将其看作对接近完成的文本进行某些规则和程序的应用，而更多看作将作品意义以与读者贴近的方式进行展开"（1993：68）。对学生作品的反馈从标准化的新批评式文本批评转变，"因此必须是非批判性的，并为作者提供如何更好地获得预期读者的线索"（1993：68）。当教师在读者反应课堂上给予读者特权时，"互动和权威共享是建立在读者反应理论基础上所有评价和阅读方法的核心"（1993：69）。学生对待修改的态度会与文本意义及表达优先时有所不同。

毕萨罗发现，他的学生的修改内容更倾向于"以发展作者和读者之间的联系来决定文本的内容"；而不是专注于文本本身（1993：69）。他通过强调阅读而非文本来对学生诗歌进行读者反应批评，将自己的读后感与学生的诗歌放在一起作为平行文本对照阅读。毕萨罗承认了在这一过程中他的努力、坚持与困难（而不是回到传统的阅读方式，对读者进行评估，询问作者该如何解读文章内容）。他在阅读实践中发现，即便他使用了设问而非指令性的方法，也很难将自己局限于读者反应的视角。在学生的写作主动或被动地唤醒了特定读者群体的前提下（参见文学理论家伊瑟尔，1974；作文教学理论家昂格，1975；艾德与朗斯福德，1988），毕萨罗建议他的写作学生寻求更好的方式来激发目标读者，他也因此而扮演着"作家式读者对文本进行重构"（1993：71）。

在这个教学模式中，毕萨罗对错误开端的挣扎、权威的转变，以及对教学有效性的疑问都给出了他坦诚的评价，这一点也同样值得我们赞赏。最后，他开始欣赏读者反应的协同力量与合法性，他在报告中称，基于读者反馈对学生诗歌的修改往往更为广泛，这种接受性阅读使他能够向作者提供更多的评论。读者反应模型使教师有勇气改变和补充现有的阅读策略。

尽管在创意写作课堂中探索读者反应模式是很有价值的,但须让学生从不同的角度和视域(女权主义、新批评、解构主义等)来看待阅读,方能获得更好的阅读策略,同时须摒弃其他稍显无用的方法。一门教授阅读和写作策略的课程对创意写作的学生来说是非常有意义的。

数字生产改变了我们阅读文本的方式,它对受众产生了与印刷时代完全不同的影响。在《受众的意义》一书中,道格拉斯·帕克(1982:249)阐述了受众的意义存在两个大致方向上的差异:一个是指向文本之外的真实,也即他所述的"作者必须接纳的受众";另一个是指向文本本身的潜在受众。在第一种情况下,受众可能是某一特定类型的读者;而在第二种情况下,受众可能是通过"一套建议或激发唤起了态度、兴趣、反应、知识条件等,而这些不一定符合读者的实际素养"(p.249)。随着数字平台的增加,学生写作方式的选择也更加多样,作家们现在在新媒体技术的影响下创作诗歌和故事,甚至进行跨文体写作。这样,公共空间写作及其中的跨文体文本也使读者和读者反应的概念变得更加复杂。

(六) 社会学视角:通过拉康的镜头

当交流传达中的意义被置于读者一方,学生的象征秩序就会发挥作用。如果我们遵循读者反应理论的假说,那么就会把读者看成是投射自我理解的人,他的文化背景决定了他在文本互动中的预设。他塑造了文本,正如费什所说,文本的作用正如镜子,反映着读者自身。阐释循环为读者创造了一条迂回的路径,使读者尽可能地找到自己的构成表征。当教师在教学中被赋予读者意义特权,他将会把自己定位为受欢迎的读者,与作者及其他理想读者共同分享权威。

这种教学方法很可能是我们所讨论的实践当中最共生的一种。首先,如果我们遵循拉康的移情理论,那么代表在镜子一边的学生"分裂的自我"就会把教师看成是全知者。在拉康心理学中,教师象征着"分裂的自我"的另一半——学生的镜像。为了达到一个积极的移情作用,使学习得以进行,学生们等着教师给他提供答案,因为他相信教师是全知的。但为了更好地促进这种积极的交流,教师会像"理想读者"一样提出问题,那么学生没有像他期望的那样立刻得到答案,他就必须自己去寻找。他的探索让他找到答案,并从中学习。因此学生可以"信任"教师,移情是积极的。

师生间的重要关系处在分裂的个体当中(他的意识自我和他为教师所树立的最了解他的形象)。因此,"分裂的个体"把自己的形象转移到分析者身上,并寻求象征他者(全知主体)作为外在形式来表达其内部话语。此外,我们还可以推测,既然费什将文本视为读者的镜子,那么从某种意义上说,文本反映了读者的形象,其中隐含着拉康概念上的"分裂的自我"与身份定义似乎是合理的。

(七)读者反应理论:最终结论

简·汤普金斯(1980:201)提出了一个有趣的观点,将读者反应理论定位为一种与将文本作为研究对象的,新批评的形式主义解读相似的理论。她认为:"新批评和读者反应批评之间的本质相似之处,似乎被将它们区分开来的重大问题所掩盖:意义是在文本中还是在读者中。"(p.206)虽然两种批评方式将意义定位在不同的地方,汤普金斯的论点建立在这样一种印象上(她认为这种印象是错误的),即"说明意义是文学批评行为的目的"(p.206)。因此,意义"将读者反应理论和新批评结合在一起,以反对长期存在的,不将意义的表达作为核心问题的文学批评史"(p.206)。

她的观点对文学批评行为正当目的的构成等级进行评判。更具体地说,当文学研究的首选是诠释研究时,文学批评家们会认为文学研究的其他方法没有太大价值。换句话说,确定写作过程中的意义所在(无论是在新批评还是读者反应理论中)并不与诠释性地解构文本同等重要。

如果对学生习作的阅读就表明文本的含义掌握在读者手中,那么教师就有可能误解学生的目标受众。为了在创意写作课堂中有效地应用读者反应理论,学生应该更自觉地"决定他们的文本要写给谁"(毕萨罗,1993:67),如果教师们想要帮助他们的学生记住自己的读者需求,就必须"放弃一些评判文本的权力"(毕萨罗,1993:67)。读者反应理论要求教师(和工坊读者)以目标读者的视角来阅读学生的作品。如果对学生习作的阅读是出自读者反应理论的视角,那么学生的修改努力应该会带来一些发现,帮助作者使他的作品在阅读时更贴近他的创作意图。

本章讨论了创意写作课堂的四种主要教学方法,但我们的实践也会受到许多其他理论的启发。我们欣赏过程论者所提出的写作的递归本质及其写作实践;我们重视文体理论对话语约定、应用和流派的分析;我们从后现代主义出发,把世界看成文本,看到作者随人物、设定与场景的发展而变化的镜头;我们根据社会批判理论拓宽了经典的范畴,更好地理解语言如何成为一种文化实践;我们依据写作理论,将课堂作为写作社区来运作;通过全国性的会议使学者参与到这个领域更广泛的对话中;在性别研究领域(女权主义理论、酷儿理论),我们立志于建立更为公平的社会理论,向主流话语中的写作和阅读发起挑战;从技术修辞学的角度,我们参与新的写作空间,并创造故事和诗歌的跨文体形式;从评价理论出发,我们努力确定我们的评价基准,并重新审视我们学生的成果和课程设计。所有这些理论框架都为我们找到教学实践的意义提供了实用而关键的学术定义。

注释

1. 我在论文《创意写作与作文教学:重写标准》中也讨论了在创意写作课堂上超越新批评阅读和写作的方法,收录于毕萨罗等人 2011 年编辑出版的以温蒂·毕肖普为主角的教育学书籍中。

2. 哈尔·布莱斯和查理·斯威特在《新写作社区:创意写作课堂新模式》中进一步探讨了教学的灵感来源。发表于《教育学》,2008,8(2):305-325。

3. 参见 http://www.uiowa.edu/_iww/about.html。

第二部分
写作工坊模式

从事创意写作的人必须知道,如果我们不想被写作工坊是否有效这个问题纠缠,或者被问一些更加功利性的问题,例如像玛丽·安·凯恩(2010:216)所质疑的那样:"是什么驱使那些学术界的人士一直在询问'它有用吗'这种没有任何创见或实际意义的问题",我们应当去反省问题本身——去更好地了解在工坊中可能得到的收获。创意写作作家们已经回答了一些对复制工坊运行模式感兴趣的人们(奥斯特罗姆,里特,范德史莱斯,毕萨罗,迈尔斯)所提出的质疑(注释1)。

许多人同意梅耶斯(2007:8-9)的说法,即作为教师的我们已被牵扯进这些答案中。它们包括如下诸如此类的说法:

- 沉湎于作家是天生而非培养出来的创意写作观念,使得整个教育议题从一开始就被质疑;
- 沿袭传统模式的复制——我们导师所教授的工坊模式"基本上未被阐明过";
- 我们"对教学法明确关注的缺失……创意写作作家认为他们是教授写作的作家,而不是在写作的教师";
- 作者的身份首先是作家,其次才是教师;
- 我们乐于接受"作家与写作项目协会(AWP)"提供的身份。

兰德尔·阿伯斯(芝加哥哥伦比亚大学)(注释2)在提出"教师需要全面重新思考他们教授写作方法的途径"时证实了上述一些

观点。他认为这些工作的确要花费一定的时间和精力,并指出"太多的教师停滞于过去,他们自己是如何被教授的,现在又如何去教自己的学生"。他指出学科教师们"更愿意花时间写他们自己的作品,而不是花时间去进行额外的阅读、思考、实践或尝试本应使用的新模式"。写作系统之间,一个工坊模仿另一个工坊的合理性,以及声称工坊的有效性及其对创意写作的启发和推进,然而这些举措通常是没有建设性意义的。我们不能纠缠于为何创意写作教师因循守旧,抓住传统工坊模式不放,或是质疑创意写作到底能不能教授,而应该这样思考:通过调整工坊模式,我们能获得什么?我们怎样才能让它更充实、严谨,锦上添花?用什么方式能让工坊具有区别于作文研究和文学研究的专业标志?

我在完善写作工坊模式上所做的调研仅仅是建立作为学术科目的创意写作研究这一远大目标中的一部分。研究表明,尽管工坊模式在创意写作的实践领域中保持着统治地位,但在全国的创意写作课堂中,对于是什么构成了工坊式教学实践这一问题依旧共识甚少。我的研究也显示,越来越多的教师在工坊模式中不断开辟出新的领域。我建议应高度重视工坊模式开放积极性问题和重新设想,唤起对教学法的进一步探究。我希望这段话以及接下来的内容能够对创意写作研究领域、专业人士和我们创意写作的学生有所帮助。

一、一份工坊调查

尽管有许多硕士、博士可能会在本科和研究生阶段有过太多工坊经验后对同行的回复充耳不闻,也会有学生总想创造出工坊制造(修饰过度)、符合工坊期望(过于安全)或迎合教师品味(千篇一律)的故事或诗歌,即便如此,写作工坊模式在很大程度上,尤其是在本科阶段,尽管问题缠身,仍然是创意写作课程的核心和课程中受欢迎的部分。

  我最近关于创意写作本科教师的调研主要针对美国,我自己作为创意写作教师和创意写作教育学者的经历形成了我工坊分析的基础。在调查中,我关于工坊效用提到的问题(举几个例子来说),比如它的有效性、价值和最佳实践效果,引起了较大的反响。调查对象考虑到了学生对工坊学习模式的动机、准备程度和意愿。创意写作教师为了能够让工坊焕发活力与新鲜感尝试了许多方法,有的教师为工坊一无所获而沮丧;也有很多人和我一样对新的工坊模式走进课堂而激动不已。在 174 个创意写作课程项目中,有 167 位创意写作教师回复了我的调查。尽管教师们的回复是可以匿名的,但 105 位教师还是选择署名发表他们的言论,而这 62%的教师的回复代表了 70 个大学的情况。

  根据调查结果,约 51%的教师运用的是一个类似基本工坊的模式;约 39.2%的教师使用的是这种模式的变化形式;只有 10%的教师认为他们的教学方法与传统工坊大相径庭。在 80%的创意写作课堂上,工坊都是重中之重或至少是较为重要的组成部分。学生将基于工坊的课程看作是创意写作必修课(84.9%)或选修课(32.5%),或者写作通识课,甚至在某些情况下,学生可以通过参与工坊课程来同时满足以上几个要求。大多数工坊(60%)在课程开始之前没有先决条件或必须先行提交作品小样;24%的项目要求学生之前有一到两个学期的作文学习。一般情况下,创意写作专业在专业学习过程中需要参加 15 个小时以上的工坊学习。

总的来说,这个调查显示创意写作项目仍然建立在传统工坊的基础之上。工坊之于创意写作,依旧保持如爱德华·德莱尼所说的"车轴之于车轮"的关系(德莱尼,2007)。从事写作教学工作23年的南希·麦凯布(弗吉尼亚大学)道出了一个众所周知的事实:"许多学生在教学评估中写到,他们认为工坊是课堂教学里最有趣的部分。"卡尔·埃尔德(雷克兰学院)也同意他的学生"全部被工坊调动起来了",而这个现象是与我的自身经验吻合的。也许这种模式能保持它创意写作核心地位的原因,正如菲利普·格鲁斯(2010:52)所说"进入工坊能让学生保持最自然的状态"。或许当所有的火花塞被同时点燃(或触动神经键,可能是一个意思),学生就能"找到与他们的个性严丝合缝的学习程序",这样的学术方式是无可匹敌的(丽萨·罗尼,中佛罗里达大学)。

或许此言不虚,但我们当中的一些人会着了米谢伦·万德尔的《作者未死,只是在别处》(2008)、德纳·乔亚发表在《大西洋月刊》上的文章《诗歌还重要吗?》(1991)、唐纳德·霍尔的《诗歌与野心》(1998)或由约翰·阿尔德里奇撰写的短篇小说副论《新兴流水线小说》(1990)以及约翰·巴尔撰写的《新世纪美国诗学》(2006)中所使用的诡辩逻辑的道。他们认为,工坊要么毫无理性、功能不明,要么只能生产出在学院之外毫无读者的作品。抱怨集中在创意写作没有产生第二个马克·吐温、沃尔特·惠特曼或艾米丽·迪金森,而更让人沮丧的是,我们会发现有些作者已经放弃了创意写作领域,例如诗人、批评家、曾主管普林斯顿创意写作项目的艾伦·泰特。泰特抱怨教学模式千篇一律,工坊也是一样,他指出:"那些拿到创意写作学位证书的人跑去教创意写作,然后生产出另外一批不是作家的创意写作者,这些人继续培养出创意写作者,也

依旧不是作家。"(p.181)

同样地,凯·博耶尔,尽管在旧金山教了16年的创意写作,却建议"所有的创意写作项目应被依法废除"(引自梅南,2009)。有些人也许还记得 R.V. 卡塞尔在波士顿会议上的回应,讽刺的是,在第15届作家项目联盟(现在叫作家与写作项目联盟)年会上,他宣布解散这个他亲手创办于1967年的组织。在会议上,他嘲讽了作家们的自满、学术体制的腐败和有关部门与机构的荼毒。他认为,是时候让作家离开高校了(梅南,2009)。

要随便解散一个像卡塞尔这样有着辉煌历史的人支持的组织是非常艰难的。他是作家、批评家、畅销书《小说写作》的作者,布朗大学的教师,《诺顿短篇小说集》的责任编辑。尽管他的嘲讽动摇了工坊的核心,我们当中或许也有一些人从某个角度抱怨工坊没有理论,没有标准,没有经验数据,但是"像伽利略在宗教法庭",如格拉摩根大学的菲利普·格鲁斯(2010:52)所言,"物换星移,但是地球依旧在转动"。

二、工坊模式界定

当一个人谈及创意写作的教学方法和训练手段时,必然会想到工坊。这种模式很可能会被打上"挺有用但也不显眼"的标签(迈尔斯,1996:118),或者是一个有"教学技巧并阻止自我放纵"的场域(托尼·格雷汉姆,欧克·斯泰特)。菲利普·罗斯认为,工坊服务于三个目标:"给年轻的作者带来受众,建立团队意识以及培养能被社会认可的学生类属。"(转引自格兰姆斯,1999:4)安娜·莱希(2010:62)将教学视为一种创意活动,并将工坊理解为一种

"总体教学观和学习环境",它所提供的"团队",正是"创意生产"的一个关键性因素(p.67)。她认为,工坊对职业和学生的效益已经得到认知心理科学和作家们自己的支持(p.67)。对于本科生而言,我们的目标或许像我们所希望的"提高学生们"理解生活艺术的能力一样高尚(卡尔·埃尔德,莱克兰学院),或者从长远来说,我们努力"去创造更深刻、更亲密、更负责任和创造力的思想者,读者和作家"(丽萨·罗斯·斯巴尔,弗吉尼亚大学)。米歇尔勒内·万德尔(2008:124)将我们在工坊模式中所做的事比作"同行评议(杂志和出版机构)的学术实践。"彼德·哈瑞斯(科尔比学院)发现工坊是一个"打开人们生活的奇妙空间",在这里"他们开始有了属于自己的声音"。这种教学方法在对文本的讨论中引进了一些新概念,并将写作突出成了一个过程。

多数情况下,这种模式的操作取决于课程的等级和教师的设计。一些进行工坊教学的教师在工坊开始时开出一长串的阅读书单,比如在教学大纲中便要求学生在这一学期内阅读 10 本以上的书籍,或者教师给学生分配一本极其难读的长篇小说。同样,也有一些人将工坊看作是一种教授写作技巧,或者是一门教人如何读诗,如辨析小说要素,如何认同作者在书中所做的选择,并想象除作者选择之外还有什么不同发展可能性的课程。或是如威利斯堡大学的马丁·夸克罗夫特所说的,工坊就是"改变学生关于什么是诗歌的观念,学习可能的形式以及作品应该如何去写"的课程。在一些课程上,学生的作品被看作是课程的核心,工坊只能被看作是单一的教学方法;一些教师支持将自由写作作为课程的实践,另一些则更偏向于将其视作一种实现创意的策略,比如以平时的练习和写作来促进故事和诗歌的灵感萌芽。而对于哥伦比亚芝加哥学院的工坊导师来说,他们的工坊有别于传统模式,是一个以过程为中心的故事工坊。其方法是使用"经典讲故事形式,伴随概念化技巧,抽象化、批判式思考以及富有想象力的问题解决力"去补充基本的技巧(罗德·艾尔伯斯)。而更多人则赞同苏·罗(2010:204)的说法:"工坊与其说是飞翔,不如说是起飞的基础平台;与其说是修饰完善后立刻表演,不如说是写作策略的彩排。"然而有些人可能也会赞同莫里斯·格瓦拉(1998)所说的,工坊制这种设计"简直是罪恶中的罪恶,它使人毫无想象力"。

三、工坊模式研究

在为严肃写作工坊辩护之前,重要的是要勾勒出创意写作作为学术科目的全貌。简而言之,为了使创意写作本身成为一门学术科目,它必然会经历对自己领域的探究与质疑,就像作文研究在20世纪中后期所经历的那样。这种探索与质疑对创意写作研究的发展至关重要,它必然会发现这一学科教学中所产生的问题及学科理论之中的矛盾之处。这种内在的复杂性对处于草创阶段的创意写作研究而言是推动其发展的动力,但里特和范德史莱斯(2007:Ⅹ Ⅴ)提醒我们:"教学实践和理论相对未经检验的领域,有可能被越来越笨拙的知识和实践所主导,其中一些已有的效用被夸大了,而另一些则被错误运用了。"

工坊作为创意写作课堂的公认教学法,正如毕萨罗(2004:296)所言,"已经有一百多年的历史了",2010年的《创意写作课程指南》显示,本科及研究生创意写作课程项目的数量已经从1975年少得可怜的79个激增到了822个。因此彼得·范登伯格(2004:

7)推断我们的学科实践已经"到了扩张的时候了"。在这些课程中,有 300 个处于研究生阶段(包括 37 个博士点),更有数以千计的学生在全国范围内报名(AWP 网站,2010)。根据弗吉尼亚大学的克里斯多弗·迪尔曼的说法,每个项目都有 50% 的时间花在工坊上。鉴于这些惊人的统计结果,我们得以看到工坊的普遍性,其在不同群体中的强大适应力,教师教学的差异性,以及传说中形形色色的课程成果,用汉斯·奥斯特罗姆(1994:XIX-XX)的话说,"我们所有人都可能受益于对课程中工坊功效的细致考察",这种考察要求我们教师在微观层面上进行思考:

我们的指导方针是什么?以何种假说作为教学主题的基础?我们如何制定出评估工作进展的明确标准?我们在工坊和小组讨论中是什么角色?这个角色是否有效?我们还可以尝试其他什么角色?除了传统教学活动,工坊还能做什么?我们是不是在老调重弹?我们知道如何调动群体积极性吗?我们又应该怎么做?什么样的人会在工坊中沉默,又为什么沉默?我们应该多久修改一次我们的工坊教学方法?工坊中什么时候的讨论最有效?为什么?如果将工坊打破重来,我们会有怎样的收获?(奥斯特罗姆,1994:XIX-XX)

在更为宏观的层面上,如果创意写作研究是作为一门更独特的学术科目来运作的,那么课程层面的学术研究就应该像哈克所建议的那样,"寻求超越我们对作者或文本的专注,将创意写作作为一门学术科目,这门学科包括但不限于创意写作的生产和教学"(引自梅耶斯,2009:218)。范德史莱斯(2010:35)告诉我们,工坊"将从那种威胁如果离开传统就会被遗忘的思潮中拯救出来,并重塑为更加灵活的形式"。这种"重建"从建立"专业独特标志"(里特,2001:208)开始,包括将创意写作领域在学术上与其他英语文学研究工作区别开来。这些都是非常重要的事业,然而,正如毕萨罗(1998:287)所设想的,"可能会有非常多和他一样的创意写作教师"积极参与到教学法的讨论中来。"(创意写作)教学过程是否仅由教师自身的特质所引导?作家是否能够凭借其与生俱来的天赋和自己的独门秘籍知识来传授知识?"(引自里特与范德史莱斯,2007:XIII)道森的这句话并非只是一句简单的反问,它的价值在于让我们意识到工坊模式并没有提供真正的度量标准。毕萨罗(2004:295)提醒我们,我们已经实践这个"基本没修订过的"传统方法一百年了,却没有进行适当的反思。诗歌及故事分享会,作家的阅读视角,有效反馈的提供,对创作中的作品进行重调,传统的写作工坊至少有这些效用,因此这种教学法根深蒂固,并可以毫无疑问地继续实践下去(这其中不消说还有很多系统性的问题)(注释3)。如果有人质疑——我们中的许多人也会对工坊的不同层面,包括人工性、伦理性、多样性、惰性、独特性,以及项目的设计、权威的建立、评估的进行、理论的缺席,还有学生的意愿、准备及学习动机的层面觉得有哪里不对——我们也不知道如何解决这些问题。

如果把教学方法比作是一只大熔炉,那么工坊模式看起来就会东一榔头西一棒。如同一锅口味可疑的菜,有时我们也无法品尝出这里面到底加了什么东西,就像对于工坊,我们也不知道能从中获得些什么。

例如,我们可能认为,作为未经训练的创意写作作家,我们是在"自食其力"地教学,我们的工坊大致是"松散而亲切的"(莱希,2005:20),我们的课程是轻松的、聊天式的,而把课程计划抛诸脑后。另一些人则将工坊看作"真空的"、隔离的环境来运作,使学生不受外界的影响;当然,作家与写作项目协会的使命宣言也支持这种多样性的立场。格罗斯(2010:54)提醒我们,工坊"不是固定的事物",而是"在特定时间和地点聚集的人群";它因此与人类的经验息息相关。格雷姆·哈珀(2010:XV)强调,对于工坊来说重要的是过程而非最终的结果,盖琳·佩里也表示同意:"写作是一种高能动性的活动,它有着自身的活力和能量,"她认为这种能量,"不可浪费,因为它是在大量教学活动的时间里沉淀下来的。"格罗斯强调,工坊并非是一场"游戏",也不仅仅是一场"集会",而是"将参与者的期望定型并沿袭下来的习俗"(p.55)。大多数人的观点认为,我们将工坊模式作为主要教学方法,是因为我们也是如此学习写作的,自我们的导师那里复制了过来。或者,就像哈克(2010:182)说的那样,工坊保留下来,"是因为它可说是我们的学术家园"。但即使这样想,我们仍然可以很肯定认为工坊"不该是这样,远远不是"(2010:182)。

为了展现这形态各异的实践,我们不妨来看看一些工坊和教师的日常。例如,一位教师支持并鼓励学生的自我探索(以及修复?)而另一个则认同文本要保持绝对客观而不能掺杂任何外部因素;近郊高校的导师将大部分精力都放在研究《美国最佳小说》中的写作技巧,并使学生沉浸在创作活动中;而远在爱达荷州乡村的创意写作教师还在投入大量的课堂时间来点评学生的习作;与此同时,城市的学生反对传统的写作工坊那种令人沉默窒息的清规戒律……我们又如何将这些繁杂的写作工坊形式统一到同一个教学方法和模式中去呢?它的本质和目的又怎么会不矛盾而荒谬呢?米凯琳·温德就曾指出这种矛盾所在:

如果创意写作的目标是训练专业的作家（那些有"天赋"的人），那么这种大师训练法就会把文本的地位放在作者之上；如果学生们被教导称创意写作写作是为了表达自我（将写作作为一种疗愈），那么个人就比作品更有地位。前一个高估了艺术的价值，后一个高估了人的价值，而把它们放在一起，就会使教学工作的对象和目标产生混淆。

更重要的是，当教师和学生都在扮演"作家"的角色时，两方关于平等关系的看法就不一致了。举个例子，梅耶斯（2007：4）提到过"精英主义和民主主义"尖锐冲突的场景：一方面，民主主义认为"新人也可能对文学做出重大贡献"；另一方面，精英主义则认为"最终只有少数几个学生可能配得上'真正的作家'的称号"。此外，"学生友好型"工坊中默认的表扬性质的回应与教师（在英国被称为"导师"）在完成课程后对学生工作的最终评估相违背时（温德，2008：127），这种"理论上的平等回应"让我们的学生感到混乱。这种内在的紧张关系在西沃恩·霍兰德于2001年巴斯泉大学创意写作会议上所收集到的一些代表的反应中也有体现。霍兰德认为，"学生在工坊现场被表扬，却在导师评估反馈中被批评是不公平的"（引自温德，2008：127）。更重要的是，我们面临一个道德两难的选择：让作者保持沉默而错失他有价值的写作意图与过程，还是为这种传统辩护，坚持使作者的抵触最小化而使工坊对他创作过程的指导效用最大化。使这些两难境地更为复杂的是，在工坊中揭露个人经历的价值观与这种写作反思的衡量标准。工坊里发生的事情可以是"粗暴的、道德上存疑的、毫无经验的、丑陋的、严重未经理论化的、笨拙的……令人尴尬的、混乱的、难以言喻的、没有说服力的、令人震惊的、爆炸性的"（佩里，2010：117）。佩里

(2010：128)坚持认为,工坊具有"潜在危险的"功能恰恰对工坊的"成功"至关重要,因为"创造力隐藏的弱点恰恰也是它的供给和动力"(2010：128)。最后,尽管分歧的列表可以继续列下去,但传统的工坊可能会遵循肯尼斯·布拉菲(1984)合作学习理论的"大多数"原则继续开展下去。同时它也可能遭遇像作文教师约翰·蒂姆波尔(1989)那样的"异见者"。

诚然,工坊是一个"过程",因此,它的"可塑性"与每个个体的运作相一致,所得到的回应也在某种程度上取决于每个特定班级的准备工作和能动性。然而,如果我们继续把课堂重点放在工坊教学过程中,并将它称为我们的教学实践和"标志性教学法",如果我们把它作为一种学位课程的本质,以及引导获得学位的学生走向社会和工作岗位的实质,我们就更应该思考如何管理工坊这一创意写作学科课程的核心。

更重要的是,考虑到在教学法中出现的这些差异,我们该以何种标准来对工坊进行审查？如果我们真的要以此体系进行考评,又该如何确定工坊的运行内容及依据？以及包含在此内的：我们如何评估写作工坊模式是否仍然有效？另外,因为涉及这一模式的可行性,我们会面对很多质疑,如创意写作可以教吗,怎么教,谁来教之类(顺便说一下,这些问题在写作教师建立建构主义理论视野——认为"精神特质""想象力"和"能力"并非全由天赋而是可以习得的——之前就已经被广泛提出)时,正如佛罗里达州立大学的马克·瓦恩加德纳等人所反驳的那样,"固然不是每个琴童都能被教成塞隆尼斯·孟克,但似乎也没有哪个钢琴教师被'钢琴演奏能不能教'这样的问题所折磨"(引自希利,2009),或如约翰·巴思1985年在《纽约时报》书评版上发表的《写作能教吗?》中写的"绝对可以,主要的基础部分绝对可以"(引自梅南,2009),这样的回答就足够了吗?研究者可以从哪里开始对工坊教学进行本体论研究呢?正如林玉玲在她的文章《创意写作的陌生化》(2003:157)中指出的那样,诸如此类的尖锐问题的答案是"如此微妙、勉强、饱受质疑又难以明确,以至于生出了更多的问题"。我认为的确如此。

对工坊本身进行定义尚且有难度,更不用说将它升华为一种严谨而智能的教学理论,这与此种模式的灵活性有关——它能够变形成各种各样的形式并不断延伸,因此我们容易将它当作理所当然的,就像萨兰·拉普一样。我的目标不是消除工坊模式中存在的差异,而是将探索当前创意写作标志性教学法的实践,作为对这一领域的全面探索的一部分,最终帮助创意写作研究提升为一门独立的学科。

四、工坊的历史如何影响我们的实践

在以爱荷华大学模式为基础的工坊构想建立之前,为反抗大学课程对其的限制,纳什维尔、爱荷华市和格林尼治村等地的写作群体都只存在于学术机构之外,这些写作俱乐部为学生和教师之间的作品分享与研讨创造了空间。此外,诸如"弗罗斯特、桑德堡、德莱塞、门肯、斯蒂芬·克莱恩、辛克莱·刘易斯和海明威等作家都曾担任过小报记者,他们所受的写实叙述和细节观察训练,影响了现代小说的形式"(亚当斯,1993:90-91)。这些影响不可忽视,因为到了20世纪20年代,作家们随着这种校外传统大部分都进入了校园里,并往往被给予较高的职位,而这些职位仅将写作作为他们的首要任务。例如,历史学家凯瑟琳·亚当斯(1993:93)在《美国高校专业写作指导史》一书中指出,1920年,美国迈阿密大学的剧作家珀西·马克耶获得的驻校作家职位,包括"为他建立一个公开的写作工作室,而他几乎不用承担什么学术职责"。罗伯特·弗罗斯特于1921年至1922年在密歇根大学担任驻校诗人(亚当斯,1993:93)时也只用承担轻松的教学任务,后来又出现了许多类似的例子。直至如今,著名作家仍然出现在许多顶尖的写作课程项目中。这些作家很少教课(一般只有一年或一年半的课程),他们发表的作品被认为比他们的教学更能代表课程形象,这是因为写作课程往往与作家的"明星效应"挂钩(引自德莱尼,2007)。高额雇佣花费和对明星效应的鼓吹,使这种方式在高校中持续循环(然后在项目、学生和社区层面循环),最终只有那些在著名出版社出版过名作的作家才能教授创意写作。

甚至在二战后的第二代教师和自"大象机制"复制的工坊教学法(迈尔斯的《大象教学》中提到的隐喻化工具,用于作家和工坊的运转)出现之前,作家们在创意写作课堂上的重点往往不那么学术。他们的重点在学生的创作手稿上,而不是在阅读材料的要求上或写作工艺讨论中,抑或在现有的惯例中进行创意练习和写作训练。像罗伯特·弗罗斯特和理查德·威尔伯这样的普利策奖诗人,他们的工作室设置是不会考虑创意实践或写作指导的。事实上,威尔伯坚持认为:"我不想把我的学生变成只能解决表面问题的熟练工,我想让他们像一切诗人那样,从事件出发,从欲望出发……"(转引自加勒特,1989:94)这些作家和教师的首选风格类似于纳什维尔的"逃亡者诗派"(亚当斯,1993:93)。如今,一些人继续坚持这种观点,认为当下的工坊模式没有真正的学习价值或基础。例如,格兰特·马修·詹金斯(塔尔萨大学)就规避了工坊的人为干预与矫饰，相反，他试图为他的学生重现他自己或其他诗人的生活和作品。他声称：

> 我不会和我的诗人朋友们坐在一起评论他们的作品。相反，我们一起阅读关于相关问题的开创性著作……进行小组合作、举办读书会、互赠诗歌（作为礼物，但有时也为了获得评价）、购买彼此的作品、征集作品手稿、相互邀请参与读书会等。这是让学生更好地认识诗人生活的体验模式，而不是武断的、人为的工坊模式。

同样，一位教师对我的调查做出回应，认为"学习提高你的写作能力"不能"仅仅依赖在课堂上交流，哪怕是在作家之间，哪怕意图是好的"。他极力主张"学习如何用自己的声音写作不是这样的，除开关于这个话题铺天盖地的文章，无论哪位健在的优秀作家都会这样告诉你"。这位教师还建议说："要成为一个作家，你必须做更多事，而不是仅仅去参加工坊。"

让我们再次回顾工坊的历史：一战前，早期的学院派工坊开始被安排进哈佛大学的高级创作课程中，随后1897年爱荷华大学开设了诗歌创作课程，1906年至1925年哈佛大学开设了戏剧研究生工坊课程。诺曼·福斯特是爱荷华文学院1930年至1944年的院长，他成功地将创意写作发展为博士课程，旨在为所有英语文学专业的学生提供兼具创意写作与文学批评的研究课程。在威廉·施拉姆的指导下，"工坊"于1936年启动，并提供创意写作艺术硕士学位（MFA）。在继施拉姆与福斯特之后，20世纪40年代到50年代，保罗·恩格尔放弃了创意写作研究的文学批评部分，转而专注于以作家工作室为基础的工坊模式，这种模式后来实际上成为创意写作课程的原型。1949年，第一个本科工坊创意写作项目进入英语文学专业，但因为工坊教学法是为研究生教学设计的，很快就令将它导入本科课程的教师们感到不太适应。

创意写作自足的写作教学目标随着大学社会地位的扩展及其对艺术的学术庇护而改变了。从此创意写作彻底从文学研究,特别是对作者的文学批评教育中分离开来,成为学术机构的独立科目。二战后的社会发展促使大批返乡的退伍军人进入了大学校园(路易斯·梅南在最近一期《纽约客》的一篇文章中称,这个数字超过了200万),更具体地说,通过1944年的军人安置法案进入了创意写作工坊。该法案规定,学费补助只能用于学位或文凭课程,这一指令推动了创意写作学位课程的发展。

这个学生群体对研究古典文学或英国经典文学不太感兴趣,而是要求更广泛的文学研究(如T.S.艾略特、W.B.叶芝、福克纳、菲茨杰拉德)。在这一点上,大学(除了最纯粹的文学教授)更容易接受新课程和现代文学。爱荷华工坊呈现出一种部队般的氛围,仿佛在模拟这个以男性为主的群体所熟悉的训练营环境。因此,工坊的批评是残酷的、嘲弄的、粗暴的,其目的是塑造出"天赋"的作家,并使他的作品受到编辑和出版商的热烈欢迎。虽然我不打算在此进行总结,但还是列出当下大部分工坊的教育理念,有类似上文的战斗模式——叫嚣着"我们需要宣泄",而我们的学生被迫"在品尝着某种恶臭的东西,这气味无论他们吐了多少次也不会消散"(多米纳,1994:27)——也有气质更文雅些的工坊,还有类似进步主义教育基础理论鼓励表达的教育路线,浪漫主义自我探索的路线,灵感的坚定拥护路线,新批评客观文本的理论路线,以及读者接受论路线等不一而足,还有与以上理念都不相同的,也有将它们全部融合在一起的大杂烩。创意写作在战后的新目标转向教师的培养,这一雄心明显体现在以工坊为基础的项目的激增上,而这些项目大多是由爱荷华大学的毕业生在20世纪60年代创立的。梅南(2009)告诉我们,"1960年至1969年间,入学人数翻了一番","在这10年中聘请的教师人数,超过了过去的325年的总和"。这与莎伦·奥代尔(2000:46)在《明星、任期与野心的消亡》一书中的描述不谋而合,她认为在50—60年代,对研究生和初级英语系教师来说,"生活是舒适的,远没有现在竞争激烈"。乔治·莱文(1993:45)以他自己的应聘经历为例指出:"我们很苦恼……我们经历了英语系和高等教育有史以来最迅速、规模最大的扩张时期。"他说,对于他的大多数同事来说,收到"至少三份工作邀请"并不罕见。在20世纪60年代,学院和大学成为作家事业的赞助者,1965年成立的全国艺术基金会(NEA)也在增加这种资助,为大学里的作家、文学出版商提供资金以及阅读和居住场所。但今天,有超过2 000名美国研究生在创意写作领域竞争大约100个终身教职岗位(梅南,2009)。

由于工坊项目的毕业生在出版方面打出了名号,大学也因为引进了有写作声望的教师而获得了更多捐赠,这反过来又吸引了学生的兴趣,使入学人数进一步增加,并提供了继续发展的机会。作家与写作项目协会(AWP)推进的专业化的课程指导和艺术硕士学位教育为创意写作教师提供了资格认证,而工坊模式则被公认为推荐的学习方式。21世纪的情况则与以往大不相同,许多提供终身职位的招聘院校往往会避开艺术硕士毕业生,而更青睐博士学位申请人,尽管出版业的从业履历与经验仍然是招聘的必备条件。

随着20世纪50年代早期退伍军人学员的毕业,情况发生了变化。乔治·加勒特(1989:50)说,"他们从历经艰难的军人……变成了尚未成熟的年轻学生"。此外,从创作重点上来说,也发生了从内容到形式的转变(p.50)。加勒特亲身经历了这种转变,他在报告中说,学生们现在正在阅读的是《麦田里的守望者》和《蝇王》。他谈到了文学研究和创作之间越来越大的分歧,"垮掉的一代"是由"消极抵抗的学者"发起的,他们开始在理论研究上踌躇不前,并开始"与学术标准战斗"(p.50)。对于大多数工坊培养的诗人来说,文学研究与他们的关注点没有任何关系,而评论家们也抛弃了工作室创作的诗歌和故事,认为它们是"伪文学"(加勒特,1989:50)。这些观点扩大了创意写作和文学批评之间的分歧,随之而来的是对创意写作作家和创意写作项目的孤立与边缘化。

从这一点出发,我将讨论一些更重要的问题,以及它们对当下工坊实践的影响。在20世纪六七十年代,表现主义的观点将作家置于修辞三角的中心,提升了作者感受及作者"声音"在学生创作中的重要性。这种做法一直延续到今天,许多创意写作教师把作者放在工坊的中心,培养对学生声音的探索。表现主义对理论或任何可能转移学生或教学注意力的事物都毫不关心,我们也在当代以工坊为基础的课堂上看到了这一立场,因为创意写作教师"从理论中撤退的比例太高了"(奥斯特罗姆,1994:Ⅻ)。

20世纪80年代,认知过程理论家和社会建构主义者对表现主义观点提出了挑战,认知论者从写作过程论上发起攻击。毕萨罗(毕萨罗与麦克拉纳罕,2007:81)提醒我们,那些主张文化对个人身份发展有影响的人(社会建构主义者或社会认知论)认为,不存在孤立自治的自我。所以,他指出,"以生产个人话语作为教学的目的是偏离目标的,对作家身份及行为的假设也是错误的"(2007:81)。20世纪80年代,在课堂上支持表现主义的教师被认为扮演着被动的角色,无法提供写作教学结构、惯例及策略。反表现主义运动领导人詹姆斯·柏林(1987a)认为,表现主义的修辞——包括诗歌和小说中的修辞——是希望推动个人主义的,同时忽视了创作的经济、社会和政治条件,并可能使那些抗拒的人边缘化,从而变得孤立无援。毕萨罗(毕萨罗与麦克拉纳罕,2007:81)指出:"创意写作的教师和作者并不知道(许多人至今仍然如此),他们对自己声音的寻求不仅仅是传统意义上个人感受的表达,更是对社会臆断与主流叙事进行挑战的方式。"格雷格·莱特(1999)提供的具有启发性的"学习概念"也涉及话语(声音),确定对话语的描述来自个人。换句话说,他认为"从作者个人对写作实践的定义出发,才能更好地理解话语(声音)"。在此语境中,话语(声音)与其说是"真实的"或"不真实的",不如说是"整体的"或"个人的"。因此,话语不仅仅是作者写作的职责所在,"更是作者创作的社会文化处境的体现"(p.13)。

还有其他的历史印记也在影响着工坊模式。奥斯特罗姆认为那些受到后现代理论影响的人"似乎要把作者从所有牵制中解放出来,鼓励一种一切皆有可能的课堂形式"(1994:XV)。他指出这些团体"由学术精英构成,水平远超那些刚入门的理论家,并对他们指手画脚。新手们永远无法赶上精英,只能学习他们的术语,以期被他们接受"(p.15)。同时,尽管新批评在这一时期已经不是显学,但在课堂上对学生作品进行细读的方式依然被坚决执行并左右着作者的决定,也即菲利普·罗斯所说的"作者意图的执行结果"(转引自格里姆斯,1999:15)。罗斯认为,"当一个学生进入工坊之后,所有希望得到抽象理论指导的期待都会在讨论开始的一刻落空"(引自格里姆斯,1999:15)。他指出,那些以"培养对文学的热爱"代替"天赋和文学理论"的工坊导师们,已经"使工坊降低到了'教授写作手艺'的程度"(引自格里姆斯,1999:15)。并且,正如威廉·福克纳于1957年在弗吉尼亚大学所说的那样,这些将文学创作手艺形成的创作惯例作为"正式的教学策略",也体现着作家工坊的"工具"化(引自格瓦拉,1998)。

今天,一些人认为工坊的重点已经"从将文本作为自恰对象转向文本读者的构建"(加伯与拉姆热迪,1994:10)。修辞价值论(一种写作的社会学概念)中以读者为中心的理论,其实提出了一系列全新的问题,却如尤金·加伯和简·拉姆杰尔迪所报告的"被形式主义的视角所压制"(p.10)。通过"从中立的观察者到积极的参与者,读者角色被提升和重新定义",工坊看起来具有了更为能动的氛围(加伯与拉姆热迪,1994:11)。当文本不再孤立时,"它的边界就不再清晰";因此,"政治和意识形态问题……也就浮现出来"(加伯与拉姆热迪,1994:11)。这里讨论的重点是,这类工坊的设置将使一些读者的个人问题变得紧要起来——如个人喜好、偏见等,或在某些课堂的具体情况中,读者可能不再是个人优先化,而成为某种话语共同体。写作教师帕特丽夏·毕塞尔(1982:218)认为,对作品的预期"由于属于这个特定的共同体而同质化"。尤金·加伯和简·拉姆杰尔迪因此得出结论,这将使工坊变得岌岌可危,因为不再有"可供筛选、指导、约束和分析回应的客观研究对象"(加伯与拉姆热迪,1994:14–15)。

这段历史并非在表明工坊教师明显地认同某一种价值论而否定另一种,也不是说否认有交织的教学方法。事实上在很多情况下,是有多重的工坊教学实践与方法并存的,下面我将讨论其中的一部分。然而,这些历史记录确实揭示了受大学需要、作家实践和文化相对主义影响的工坊方法与态度，更不用说代际更迭所带来的改变。以往的事例在一定程度上表明了文学研究在创意写作教学中所占的主导地位，以及写作理论和修辞理论对创意写作理论的高度影响。范登伯格（2004）英明地将创意写作作家的培训纳入了作文教学的领域，我可以补充一点，自默克斯里（1989：27）要求教育者"不要混淆单个细胞和有机整体"以来，将作文作为部分课程内容的创意写作教师的数量一直在增加，温迪·毕肖普（1994）在20世纪90年代早期发表了作为教师的作家/教授写作的教师这一观点，模糊了传统作文教学和创意写作教学之间的界限。虽然有更多内容与创作工坊的历史或是广义的创意写作领域相关，但基于实践的工坊教学法一直处于非难之中。其官僚化、作品的千人一面、可疑的理论和知识价值、对改革的冷漠态度，让我们深深担忧，将工坊建立为创意写作的王牌和标志性教学法还有一定的难度。

五、认知与实践

（一）我们的学生

如果有可能对我们的学生进行侧写，我们需要考虑工坊参与者的多样性，他们的价值观和传统，他们的学习动机和倾向的学习方法，如果不考虑这些变量，我们就可能会产生刻板印象和臆断。尽管作为教育工作者，无法把如此众多的学生形象整合为一个——这是不可能的，即使是想象也不可能——但我们可以评估不同的社会和文化习得及其对学生产生的整体影响，以及学生对创意写作产生兴趣的影响因素和对我们教学模式的学习能力和反应能力。据此教师可以揣摩出学生报名参加工坊的动机,可以而且应该利用这些结论及其与工坊设计的相关性进行工坊的(再)建设。

今天,我们的学生是"谷歌一代"。斯科特·卡尔森(2005)在《高等教育年报》上发表了一篇题为《网络一代进大学》的文章,文中描述了这些"精通技术的'千禧一代',他们有很多小把戏,比如多任务处理,对学习内容、方式、时间的控制期望"。我们的学生和我们的想法已经大相径庭了;他们关心的东西太多,难以集中注意力。他们不再有"当我们成年时,我们的头脑里1 000亿左右的神经元在很大程度上已经成形了"的思维模式(加尔,2008)。作家尼古拉斯·卡尔说,我们的学生已经开始形成"人工智能"的特质,他们的大脑"从生物学上……适应了"。2008年,在发表于《大西洋月刊》上的文章《谷歌让我们变傻了吗?》中,卡尔抱怨说,在过去,把自己沉浸在一本书或一篇长篇文章中是很容易的事,"我的大脑会被这个故事所吸引……我会花上几个小时在长长的散文中漫步"。但卡尔承认,现在已经不可能了。他说:"现在我的注意力常常在两三页纸之后开始转移";"我变得坐立不安,抓不住文章的线索,并开始找点儿其他的事去做。"对卡尔来说,"过去自然而然的深度阅读变成了一场挣扎"。这种"麻烦"与他的朋友和熟人所经历的并无不同,而他们以前还大多是"文学青年"。《被束缚的一代》(2007)一文的作者凯瑟琳·泰勒指出1978年以后出生的人在没有父母等重要的人的指导下就很难独立思考。他们很难保持耐心,很难胜任如写作和校对这样注重细节的任务,也很少关注社会习俗并理解专注和努力工作的涵义。

对网络时代的一个常见关注点是它的自怜倾向,与之类似的观点还有认为我们的学生是自我满足甚至是自我膨胀的,他们从压抑中解放出来后,就沉浸在即时性的、商品化的美国文化中。在我们的教育体系中,仍然存在着以绝对强调学生个人感受为基础的进步主义教育流派,这甚至是后现代教育哲学的主流。因此,一些学生带着浪漫的想法来找我们,用一种长长的、不间断的意识流来写他们的诗和故事。他们对自己的天赋很有自信——觉得自己能写作直到终老。马克·华莱士(加州州立大学圣马科斯分校)是我的工坊调查的一名受访者,他在课堂上看到了一些先入为主的观念。他指出:"学生们经常在我的课程中对自己作为作家的未来抱有很高的期望,因此时常会惊讶地发现写得好需要花那么多时间和精力。"此外,莫妮卡·柏林(诺克斯学院)认为,"学生经常误解我们的工作"。她观察到,"他们来到工坊时总觉得我们一点也不亲切;但如果我们亲切一点,他们又往往连自己分内的学习任务都不做"。

  缺乏经验所造成的问题有时会因缺乏动力或缺乏才能而更加复杂。一位教师承认:"我不想花时间去做那些草率的、不完整的、赶时间的工作。"洛娜·杰克逊(英国维多利亚大学)断言"学生们仍然不愿意把自己的时间花在实践上",而马丁·考克罗夫特(英国韦恩斯堡大学)则就此补充道:"对于阅读和谈论其他学生的诗歌和故事的部分,学生们往往低估了其 90% 的价值。"基于这种看法,他认为"一些学生在工坊学习的准备工作上几乎没有付出任何努力(例如,他们几乎不写短评,忘写该交的诗作,或者在课堂上没有什么实质内容可说)"。对于盖琳·佩里(澳大利亚墨尔本迪肯大学)来说,缺乏努力意味着学生们"没有及时阅读课堂上下发的阅读材料,或者工坊的学生不能及时上交习作"。她认为这对我们来说是个新问题,部分原因可能是大学课程的压力让更多的学生选择加入我们。她认为在过去,"课堂规模更小,(学生的)技能水平更高,(对课程的)准备更好,完成度更高"。

虽然我知道从这些评论里可能会概括出学生们不够努力,但很明显(正如一些工坊的受访者所指出的)学生们对课堂的参与度背后是复杂的课程历史基础,这是一段明显先于学生报名参加创意写作课程或进入创意写作课堂的历史。考虑到课程设计、班级规模、扩招政策,以及美国国家教育协会(NEA)在大学阶段臭名昭著的阅读理解技能培训及大学文学读本选择面的减小,这些都为我们的学生形象蒙上了阴影。但尽管有如此多的影响作为前提,这部分的重点还是网络一代,以及网络所承载的主要贡献。

有些人认为,促使学生进入创意写作工坊的动机,可能是因为他们想要"从沉闷的课程中获得自由,因为这些课程充斥着太多死记硬背的批判性思维、枯燥的文本分析和被学术话语以及被斯特伦克与怀特式的写作正确扼杀了灵性的学术散文"(希利,2009:32)。凯瑟琳·科尔(2007:7)对此表示赞同,她引用了一组研究人员的观点,他们指出,"社会对成功学、即时满足、供需教育模式的重视",以及"以学生为中心的学习方式,引导学生寻找简单回答就能获得高分(的课程),(使学生)避免困难的工作,同时对自己能力估计过高"。埃德蒙·汉森和詹姆斯·史蒂文斯指出,我们的学生"对挑战的忍耐力较低",他们在课堂上"规避风险"的姿态,是"教育消费主义和应试制度"的产物(引自科尔,2007:7)。

在斯蒂芬·米诺特(1976)对学生动机的评估中,有一些理由仍然有效,其中包括寻求心理疗愈和对语言懵懂的热爱。根据莱特(1999:4)的研究,他们可能会报名参加我们的工坊,以便有机会在一种"有专家/导师和同行互动的环境"中进行写作。尽管他们可能会在创意写作教师设计的集体课堂中寻得自己的一席之地，但这可能是因为他们认为工坊不仅有趣、吸引人，而且也很轻松。我在教师的回应中发现，他们注意到学生对写作实践的艰巨性和这门课程的强度感到无比惊讶。

学习写作的本科生构成复杂——写作专业、商科专业、护理专业、海洋生物专业，甚至还有未选定专业的学生。有些人上课前并不预习，许多人只有很少甚至根本没有阅读经验。创意写作教育工作者如何与那些专注于虚拟世界而非现实世界的学生，还有那些会旷课、更不太可能去图书馆借书的学生建立联系？就像马克·普林斯基（2001）在《数字居民与数字移民》一书中所说的那样，我们的写作学生是否属于那些"所有阅读时间不到5 000小时，但玩视频游戏时间超过1万小时（更不用说看电视的2万小时）"的普通大学生？我们只知道学生属于那种希望一切都能在技术上准备好的大多数人。"越便捷越好"，卡尔森（2005）指出。毕竟，他认为，"他们可以一边完成阅读《第十二夜》的家庭作业，一边在社交软件上聊天、在网上冲浪和在iTunes上听歌"。而创意写作的教师是否准备好接受和适应网络一代的改变——在网上建立工作室，创建视频教学模块，在播客上制作课程，以便下载到学生的iPod上，变得便捷、可以回放或暂停？他们是不是该这样做呢？

虽然这一代人可能会依赖凯瑟琳·泰勒（2007）所描述的"网络共享"来使自己在决策过程中感到安心，但这同时也可以使他们习惯于在群体环境中的工作。"千禧一代"熟悉多元文化，更能接受非传统的关系和修辞情境。也许我们小班的规模吸引了学生来参加我们的工坊。史蒂夫·希利（2009）在他的文章《创意写作的兴起与创造力的新价值》中指出，他们是一群富有创造力的人，擅长多任务并行且不墨守陈规。他们所具有的创新能力（"商业世界的流行语"）具有真正的市场价值。希利在报告中说，企业人事目前正在顶尖的艺术院校研究生中寻找人才。正如在《哈佛商业评论》上发表《MFA 是新的 MBA》一文的作者丹尼尔·H.平克所说，这是因为"MBA 课程所教授的基本财务技能正在迅速过时……未来的工作……越来越多地涉及创造力"（引自希利，2009：34）。为了在"当今产能过剩、物质丰富的市场"中突出他们的产品和服务，企业正在寻求创新性的替代方案与方法来"使他们的产品和服务具有超越物质的情感竞争力"（平克，引自希利，2009：34）。

创意写作的学生们深深沉浸在数字世界中，并且成为新历史的一部分。畅销书《世界是平的：21 世纪简史》的作者托马斯·L.弗里德曼创造了"创造力的新时代"一词，并将通信技术与人们对"自我创作"的兴趣和机会联系在一起（引自希利，2009：34），希利补充道："尤其在操作便利的数字模式中。"（p.34）希利准确地指出，创意写作的学生可以实现"从网络文学的新作者到创意写作工坊的新作者"的"飞跃"（p.35），使我们的工坊课堂实现更好的教学规划。罗伯特·库弗则警告说，如果文学艺术家不"向这种强大的媒介（电子/数字模式）靠近……如果文学没有实实在在地在那里立足，那么绝大多数人将不再拥有文学，因此，不管新的一代是否明了，他们（我们所有人）将会陷入文学贫困"（转引自布伦斯与布莱恩）。

关于创意写作和写作工坊的整体目的及其使我们的学生成为更全面公民的崇高理想已经写了很多，这些都是杜威教育平等原则的回响，它促进了创造力的民主化（由爱默生重申）。希利引用了作家与写作项目协会（AWP）浪漫的宗旨宣言，简·希亚巴塔利

(2005)在《诗人与作家》月刊上的论文《工坊：感性的革命》，以及D. W. 芬扎(2000)在《创意写作的不满》中对创意写作的辩护，以期改变陈旧的观点。作家与写作项目协会将艺术家作为"局外人，与标准化的学院式平庸区分开来"(希利，2009：32)；希亚巴塔利(2005)指向"通过意志训练让学生学习塑造和排列他们对周围复杂世界的认知"；而芬扎(2000)则强化了创意写作工坊的差异性，他说：

与其他创意写作课程——注重创造力、同理心、说服力、表达力和审美鉴别力——一样，针对情感作用的艺术体验似乎非常稀薄了，对这个功利时代来说，它(工坊)更倾向于量化专利、疗效、销量和金钱方面的成功。

希利与我却不这么认为。虽然诗歌和小说是工坊最有价值的产品，但这一模式的实行过程中还有更多可学习的地方。如希利所说，教学法的干预措施更多是"前置"的，在写作过程开始之前和之中就在进行，而不是传统的后置干预，在作品已经成形之后才进行(p. 38)。

有些创意写作教师错过了使写作工坊的设计更有活力的机会，当他们在这个领域落后时，这一领域也会在"反思理论"的框架中停滞不前，使它无法更好地认识到其真正的社会价值和社会影响，而这种滞后又造成了对其教学方法的修订(p. 38)的进一步延迟。在"打破常规"方面，创意写作的学生可能比教育者更胜一筹。如果教师将自己作为制度领域的一部分，他们通常会继续认定自己必须"遵守规定"。

(二) 对我们的批评

作为创意写作教师，我们可能因为处在英语文学体系的边缘

(有时是自我强加的)而被孤立,但我们不会被那些不处在我们工作圈内的,或是没来过我们课堂的评论家们对这种模式效用的责难所束缚。对工坊设计缺乏才气和智慧的抱怨,来自学科的压力,或是决策部门的排斥,以及在期刊文章与社论中或明或暗的指控,甚至出现在本专业的会议上。创意写作作家不一定会遵从系里的要求,也不一定会遵循主导整个专业的学术标准,事实上,创意写作作家往往会在部门专业和其自身专业之间做出进一步的区分。许多教师抱怨,他们的诗歌和故事,也被称为"成功的标志",可能因为发表在业内受尊重但并非总是国家级的杂志和出版物上,就被视为无用的废纸,他们的学术会议有时被视为艺术家的装腔作势,就连他们的专业组织也无法正视他们的学科、教师,以及作为教学模式的工坊。

尽管创意写作项目给英语文学系带来了持续性的贡献,但这种批评和分歧由来已久。我提出这些跨学科问题的意图并不是要加重本·西格尔(1989:7)所说的创意写作和文学研究之间的"创伤敏感",以及对过去"最为疼痛而又常被揭开的伤疤"进行嘲笑。相反,我认为,创意写作研究可以与文学研究及作文研究并驾齐驱,以更有价值的学术观点、更有新意的(学科特点完备的)工坊教学及综合性的教学模式,包括更专业的课程设置和更有创意的艺术重点,更好地为我们希望进入创意产业的学生打好基础。

(三) 我们的教师

创意写作教师如卡尔·埃尔德(莱克兰学院),时时监测工坊的动向,通过提供"激发学生独特情感的强效工作模式"来衡量学生的需求。同样,我的工坊调查也表明,创意写作教师试图以具体而非抽象的方式与学生接触。导师在这一过程中发现"学生的问题和挑战",通过探索"他们是谁,他们的热情所在,然后再从那里起步"。同样的,罗伯特·博斯韦尔(新墨西哥州立大学)认为使"每堂课上的每个学生都能受到教益,而不仅仅是讨论学生创作的故事",能够让学生的个性得到确立。为了让工坊提供更为个性化的指导,吉斯·库马森·阿尔伯特(那罗帕大学)在一周课程结束时进行调查,并根据调查的反馈调整课程,而简·希尔贝利(科罗拉多大学)则"以即兴创作的模式进行教学,根据学生的课堂表现,每一门课程乃至每一节课都在不断变化中"。

  一些创意写作教师通过增加数字写作工坊来回应学生在新媒体、电影、数字化图像、音乐、文本等方面阅读的"本质变化"(科尔,2007:7)。例如,马萨诸塞大学阿默斯特分校通过开设"直接叙述""态度叙述""数字叙述"等课程,让学生在新的数字时代开始写作。乔治梅森大学将网络文学作为新的文学体裁进行介绍,使其成为创意写作综合课程项目的一部分。珍妮特·麦肯(德州农工大学)加入了关于超文本诗歌的课程章节,并在写作课上使用电脑,而瓦莱丽·马丁内斯(圣菲学院)在她的课程中加入了"关于网络诗学的研究"。朱迪思·鲍梅尔(阿德菲大学)使用"维基、博客和Moodle 系统来进行工坊教学",一位教师"鼓励学生在建构和打破他们的作品时利用图表和写作材料的物理性质"。全球许多大学都将创意写作媒介教学作为本科生创意写作课程的一部分,那么在以创意写作工坊为基础的课堂中,还有哪些新的可能性呢?我们怎样才能让学生成为数字媒体的内容创作者,并熟悉超文本媒体的理论和实践?创意写作程式又会以什么方式与其他项目及其概念融合,并将这些创意与设计带进我们的工坊中呢?

（四）工坊教学法

在之前的工坊编年史中，我探讨了创意写作的历史局限性以及使其实践复杂化的方法。在工坊——创意写作的主要教学法——其结构、实践、原理中，我们会发现它自身存在的矛盾。创意写作教师在工坊模式中要做些什么？一些工坊教师提出了写作学院的浪漫主义观念。奥斯特罗姆认为，"当下一些对规范化教学的抵抗回归到了自由的浪漫主义理论中（如布莱克、华兹华斯、柯勒律治、济慈、济慈、艾默生、惠特曼、金斯伯格等）"，在这种自我中心的教学观中，教学方法和理论都带有偶然性，"最多出现在对自我的任性崇拜中"（奥斯特罗姆，1994：XV）。置身在浪漫主义的语境中，"工坊或教师没有什么特定的作用"；"他"天然拥有权威，具有领导才干，有天赋，有能力，是（柯勒律治所说的）"我永恒地存在于有限心灵中的重演"（p. XV）。被赋予了这种浪漫主义的信仰，教师几乎是神化的，他是具有酒神精神的开拓者，他才华横溢，天赋异禀而受上天眷顾，他可以拥有他想要的一切（p. XV）。在处理工坊的权威问题和改革实践时，提出这些概念的教师或对其中陷阱毫无知觉的教师正面临着挑战。

莫里斯·吉尔文·格瓦拉（1998）对根植于想象力的浪漫主义教学实践提出了质疑，认为想象力是"神圣的""无形的"，以及"难以打破的"。他痛惜工坊实践几乎不能调动教师去推动学生"原创力、想象力和创造力"的欲望。另一些教师可能会受到人文主义在文化和知识界实践的影响，即欧文·白璧德和诺曼·福厄斯特所倡导的复兴学术和文化的呼唤。人文主义工坊教师推进了纯粹写作的早期学术目标，促进了学术界内外学生写作能力的全面进步，但这些以工坊为基础的课堂对为教学、出版或其他可能的创意职业发展培养作家这样的复杂项目目标并不感兴趣。

最常受到批判的是提倡基于自我表现和灵感原则的表现主义工坊实践。其他的工坊模式包括女权主义教育,他们倾向于反对灵感模式和传统的师徒式工坊。女权主义教育对玛丽·安·凯恩、南希·韦尔奇和凯瑟琳·哈克等教师产生了影响。这些教师提倡较为随意的课堂结构,他们批判工艺至上,而更多地推崇哈克(2005:98)所说的"权威的瓦解"。在工坊模式中,读者反应理论可能是最少的实践方式,尽管新批评对专业作品和学生习作的细读法仍是许多人理解和解释经典文本及学生手稿的重要方法。

如前所述,向学生提供多方面的阅读和写作方法可以让他们在写作实践上有更多的选择。毕萨罗(1993:XV)认为多样可变的方式反映了学生和教师之间可能存在的关系范围。因此,我们可以更新课堂上的权威动态来划分我们工坊中存在的师生辩证关系。盖尔·艾略特(1994:114)要求我们不要把工坊中的角色看成是"学生和教师",而应该看成是"三人行必有我师的……一种开放模式",在这种模式下,"学生为课程制作文本","产生批评的思路和视野"。彼得·埃尔伯提倡更平等的课堂地位,"鼓励教师放弃传统的教师权威",这样他们就可以成为"班级'写作团体'的一员"(引自库尔,2005:11)。

作文的修辞策略对我们的工坊模式产生了很大的影响。早期的学术研究表明,作文与创意写作的创作方式可能共享了约瑟夫·默克斯里(1989)的写作策略,并由温迪·毕肖普(1994)所推进,后又为蒂姆·梅耶斯和最近的道格拉斯·海瑟(2011)及黛安娜·唐纳利(2011)所支持。同时作为创意写作与作文研究的教师,我承认作文的修辞方式影响了我的工坊运作环境;反之,创意写作技巧使写作和说理深度有所拓展。而身兼创意写作教师与作文导师的人,以及通过出版物和会议从事创意写作研究的学者,经常讨论长篇评论文章对创意写作的提升作用,如讨论小说和诗歌中所使用的描述和想象等,能使他们的研究变得更为深入。我们欢迎这些对创意写作研究学科的交叉影响。

工坊模式现在需要的是对其实践的严格审视,并更深入地了解学科历史是如何影响我们的教学法的,研究学生学习的动机、方式,以及如何使工坊的空间更加开放,拥有更多选择和更多的教学设计。正如范登伯格所建议的那样,我们的学科正值壮年,我们并非要兼并其他学科,而是要在这种兼容并蓄的发展中使创意写作研究获得更大的独立性。

(五)灵活的工坊模式或开放的选择空间

就衡量标准而言,写作工坊所取得的成功与我们的学生在工坊模式中取得的成功是相关甚至一致的。在许多课程项目中,学生习作的最终出版仍然是教学机构的首要目标,因为即使是在本科阶段,也要产生一定成果以维持项目的知名度并应对招生压力。

这种更整体化的目标可能与教师自身的小目标产生冲突,一方面,教师会把工坊视作让学生获得和实践基础知识的平台,并进行更有挑战性的写作行为和写作实验,强调对诗歌或小说探索的过程。但另一方面,院系的目标可能会否定教师的专业性。相比教师的技术知识,学生的反馈在工坊空间中占有更大的比重。在许多教学机构中,课程设计由行政部门负责,以低成本高回报为指导原则。工坊的成功在很大程度上取决于班级规模,尤其是入门级课程。理想的情况是一个班仅有 10 个学生。马丁·考克罗夫特（威利斯堡大学）的入门课上有 17 名学生，有些学校会招一个班 25 名学生甚至更多。同时，随着经济压力的增大，新教师的招聘受到限制甚至取消，也使得班级规模呈指数级增长。面对班级人数的增加，凯伦·霍姆博格（俄勒冈州立大学）指出，"如果我们在课堂上讨论所有的学生诗作，我们每学期只能写三首诗"。洛娜·杰克逊（英国维多利亚大学）承认，"作为一名小说教师，在学期的某些时候"，她"无法在一个正常的工作周内阅读如此大量的学生习作"。此外，过大的班级规模会导致学生花费过多的时间阅读同学的习作，而不是著名作家的经典。除了巨大的课程工作量，专业与非专业生源在工坊课程中的共存是雷克斯·卢西曼（林菲德尔学院）等教师遇到的另一个问题。他指出，"我们很难满足所有学生的需求，我们的创意写作专业最近的评估反馈告诉我们，一些学生希望我们有更多'专业内部'课程"。

有些人建议在创意写作课程尤其是高级班设立入学门槛，认为如此会带来更可靠的学习机会和更为认真研修的学生，但许多学院和教学机构设立的不分主辅修课程的创意写作项目数量，远超过艺术学士项目或第二学位课程。温迪·毕肖普和戴维·斯塔奇（2006：198）认为"工坊已经导致了美国创意写作空前的民主化"。事实上，他们得出的结论是，"现在几乎所有的美国高中和社区学院都会提供至少一门创意写作课，基本的艺术指导触手可及"（p.198）。考虑到里特和范德史莱斯（2007：XVII）在其著作《何以教授：拒绝传说的创意写作教学》的引言中提到这一领域的扩张，课程项目的激增应该让我们停下来重新评估这一特定的模式与实践，重新思考包括工坊在内的创意写作教学法。短周期的课程也可能进一步淡化创意写作学位专业课程的重要性,让我们想象教师可能会产生的疑问:任何人都可以自称是创意写作专业的学生,任何人都可以参加创意写作课程,不论他们在创作上是否有经验。一位不愿透露姓名的教师称,这种无差别的教学体验会导致一个班级里"充满了许多不感兴趣、无法投入也没有才华的学生"。他指出,那些学生不仅没有才华,有些甚至在写作文法上有严重问题,需要重修基本的作文写作。

事实上,调查显示,许多学生是以创意写作来填充自己的选修课学分,一些创意写作课程甚至只是高级作文的课程储备。对此,美国坦帕大学的朱丽叶·戴维斯回应道:"情况不应该如此。"她承认,"我们最大的挑战之一就是学生选择创意写作课程,是为了可以同时完成高级作文课程和人文课程的课程需求。"在60%的调查项目中,学生参加基本的入门课程并非是进入创意写作项目的必备条件。

有许多影响因素使工坊空间复杂化,从教师对学生习作的干预与教学风格的固定,到从整体上要求教师关注学生群体糟糕的阅读和理解技巧,正如最新的全国艺术基金会(NEA)报告所提到的那样。现在我们被要求"为了照顾每个学生的水平,应当将注意力和活动资源集中到更基础和必需的地方"(乔亚引自布里希,2008:2)。我要强调的可以对工坊模式进行调整的因素有两方面:首先,正如斯蒂芬·米诺特(1976:35)很久以前所建议的,教师需要"针对学生进入创意写作课堂的动机,调动最广泛的风格品位"。其次,教师们必须重新考虑他们的课程设计,在我的调查中,有一位教师将其称为"最狭隘的教育方式之一……尤其是如果大部分课程都是按照传统的工坊模式进行的话"。

我的另一项关注将围绕着学生的入学动机展开,即从本科阶段推进两种可行的工坊路线图开始。第一条路径是在通识教育课程的基础上开设的一系列课程,旨在通过写作来欣赏文学,而另一种则是专注于为写作(和阅读)发展而设立的学位课程(创意写作的早期教学目标)。通识教育课程可能包括"小说(或诗歌、戏剧)技巧""写作过程""作家式阅读""形式与技巧""叙事与描写";也可能是体裁写作、数字写作、创意散文、自然和旅行写作、环境写作与超文本文学等,关于创意写作传承的讲演课程也将具有启发意义。上面提到的一些课程可以发展出许多配合课程的工坊形式:作为配套的合作课程,作为课程的写作网络,作为更大的写作团体,以及师生一对一的教学研讨。工坊将为学生提供一个进行实验、承受挑战、发展技能、分享作品、提高创造性和批判性思维的环境。

这条项目路线也可以包含更多整体目标,包括对公共领域的外部关注。我认为这个课程应对所有本科生开放;也许甚至可以作为体验英语专业"严格标准"要求所设立的新生课程选项(克拉克,1999)。这个选项既考虑到创意写作与工坊的流行和发展,又同时怀有对此路线图本质所包含的崇高目标的理解。

第二条路径,即面向中级和高级创意写作作家学员的学位课程,他们可能进入的课程层次取决于他们的样作。虽然也会涉及上面列出的一些课程,但这条课程线路会更加完备和具包容性。在这个层次上,学生应该理解并将不同的批评方法引入阅读和写作。为了提高工坊的弹性,学生可能会接触到其他的表现艺术,以扩大他们的创作范围。这种跨学科的方法引入了更多的表达方式,更多的创意空间,更多的活动和展示,更多的综合与分析、过程与产出。这可能意味着不同艺术工坊之间的共享;也许是将作品的对话交由戏剧专业学生来表演,并进行作品中行为的舞台展示,以及将诗歌放在音乐、绘画、建筑、舞蹈中表达。奥斯特罗姆(1994)在他的《各马各色:创意写作理论与教学法的反思》一书中,探索创意写作如何与"街头艺术"联系起来。他提出了这样的疑问,"我们当中有谁能将说唱乐、嘻哈乐、表演诗和其他所谓即兴创作的流行文化资源引进我们的工坊?"虽然不是所有的教师都同意奥斯特罗姆的观点,也不是所有的教师都对在课堂上使用各种技术感兴趣,但仍有许多创意写作教师发起了与其他创意艺术学科的联合运动。例如,盖琳·佩里(迪肯大学)就联合了"舞蹈工作室课程或视觉艺术生活绘画课程",学生可以在那里将他们的作品"操作"出来。唐纳德·普拉特(普渡大学)与一门视觉艺术课程合作,"在观摩过他们的一两节工坊课程之后,以他们的作品为题创作诗歌"。他说:"反过来,我们一些独立创作的,不是受他们启发的诗歌,也可来交由他们以此为题创作绘画作品。"

同样,弗吉尼亚大学的丽莎·鲁斯团队有一个"诗歌/版画制作工坊,学生们在其中与版画师合作,版画师写诗,诗人印刷版画,共同制作雅俗共赏的书籍"。米契尔·麦克布里奇(新罕布什尔大学)要求学生们"发明或制作一种乐器,并写一首诗,然后用这种乐器给诗伴奏"。她举例,"学生们使用过沃尔沃汽车引擎、装满水的水晶玻璃杯等"。麦克布莱德称,这个练习"教会(创意写作作家)以一种完全不同的方式去聆听声音"。在马丁·考克罗夫特(韦恩斯堡大学)的工坊课堂上,学生们聆听诗人朗诵的录音。他给他们观看"表演诗人和动画诗(如比利·柯林斯等)的视频"。考克罗夫特还在他的课程介绍一些诗歌网站,比如"诗歌日报""宾夕法尼亚之声"和一些在线期刊及作家博客。另一名教师计划建立一个网页,她将在上面以一个句子抛砖引玉,允许学生"随时添加或删除任意内容,并在学期结束时观察最终的结果"。在 2010 年的大学作文与传播大会上,一位作者将小说教学作为一种制作游戏的方法。学生作为游戏的制作人(运用 Gamebrix 主机、Scratch 系统、Stagecast 视觉编程语言等),倡导游戏学习的概念(类似在线学习)。詹姆斯·保罗·吉(2003)是《学习与识字中的必备游戏教学》一书的作者。他认为,游戏一代的学生在创造游戏环境、互动故事、角色和动画时,能媲美业内人士、教师和制作人。

电影片段被科罗拉多州立大学的狄安娜·科恩·拉德文用来"阐释对话和隐喻的使用"。她补充说,"《邮差》在这方面很厉害"。在威明顿北卡罗来纳大学为期 3 年的 MFA 项目中,菲利普·杰拉德安排学生们"创作对话,然后在学校的黑箱剧场中演出……他们通过观看电影,学习如何更好地构造场景"。吉斯·库马森·阿尔伯特(纳罗帕大学)也使用了媒体——通常在开学 8 周内播放戏剧和纪录片的短片段——他从不在工坊上使用整部电影——以及介绍"艺术家、音乐家及他们的艺术或音乐来讨论作品的组织原则"。电影可以用来演示对话技术——戏剧和喜剧电影的剪辑,如《爱在日落黄昏前》展示通过对话来加深关系的问题,或《公主新娘》的一个片段作为以喜剧的形式处理严肃情景的一个例子,或《虐童疑云》的片段强调对话如何传达冲突感、紧迫感、力量感。观看电影剪辑之后可以进行讨论和写作,直到让学生以新的方式练习写作。电影也可以作为场域,给场景发展、增强细节设定和氛围的可信度提供启发。

此类课程项目会包含更多的跨学科活动——也许是结合创意企划的文学研究课程,也许是结合写作结构实验的理论课程。对工坊发展的创造性关注还应包括学生的小组研究和展示。在这个层面上，通过小组协作，创意写作的学生可以自主选择故事，推动讨论和设计练习，以一种不同于学术研究和作文学习的方式实践与展示。不同的社会文化阶层及受差异巨大的意识形态所影响的读者与作者将在此产生交叉，杜威"在做中学"的原则在这里得到了实现，更不用说师徒定式的转变了。此外，这些活动形式也即哈克所说的与世界相连接的方式，以及阿吉·马诺里斯（2005：49）所指"学术之外"的活动。这种超课堂的活动被定义为"教师、被研究的作家作品、学生和习作者的协同"。例如，科罗拉多州立大学的狄安娜·科恩·拉德文带着她的班级进行田野调查，如"校园艺术画廊对写作的激发"。这一概念对于朱莉·卡尔（科罗拉多大学博尔德分校）来说也并不陌生，她所在的班级"一起外出采风"并写作。卡尔认为在她的课堂上，"永远不止于'写首诗'，总有新鲜事物去尝试"。此外，一门包含了创意写作学位学习的工坊课程会非常受欢迎——它能提供多样丰富的视野，并通过交流与导师获得真正的、实践性的接触。在这两门本科课程中，我们都不应该忘记"我们的目标应该是培养更优秀的作家"（罗伊斯特，2005：27），罗伊斯特认为，当我们进行其他的追求时，我们常常会迷失这个目标。

我们的大学和学院可以尝试更多的课程和项目，将理论批评与创意创作结合进一系列的艺术学科中，以提供一个超越传统创意写作课程和文本创作领域的学科方向。创意写作研究可能在这一发展中起主导作用，它能提供许多不同领域的创意实践，很好地反映出在电影、新闻、数字传播、电视、设计戏剧、新媒体等领域，创意写作作家所面临的蓬勃发展的创意经济的新机遇。我们发现一些正在进行的项目已经嗅到了创意产业对具有若干创意领域综合性专业知识的毕业生的需求。例如,英国班戈大学的创意研究与媒体学院提供的文学学士学位课程,将理论批判方法与创意实践结合起来,包括专业写作与新闻、媒体与数字传播、电影研究、表演研究以及创意与媒体实践(注释 4)。在"跨学科是创意专业不可或缺的一部分"的认知基础上(注释 5),昆士兰科技大学(澳大利亚)创意产业专业学士学位,提供了以下几个方向:动画、艺术与设计史、创造性与专业写作、舞蹈研究、数字媒体、戏剧、娱乐产业、时尚、电影学与电视学、交互与视觉设计、新闻、媒体与传播学、文学研究和音乐。佩里(2010:128)告诉我们,这种"创意概念的流行"远远超出了创意写作和创意艺术的学科范畴,这对工坊模式的意义在于它将"继续改变和融合,并切实出现在学术领域,而非仅仅作为传统教学模式的使用"。

除了创意产业的这种发展之外,还有一类精心组织的课程项目,包括一系列相关主题的小型讲座,可能会吸引大量学生的兴趣,可以减少成本并在六到八周的短学期内完成。工坊分组活动可以在这些讲座之后进行,以推进与讲座主题相关的写作和讨论。有了这种变通性、严谨性和相关性,就没有必要取消本科生的工坊。

在艺术硕士专业(MFA)学位教育的层面上,同样的课程方向可能存在教学上的差异。例如,将 MFA 的学科路径分为两个方向,一种为那些对提升写作技能感兴趣的作者提供了可能;而另一种则指向一些作家,他们对创意写作教学、创意写作研究、作文教学更感兴趣。还有以跨学科的方式进行创造性的创作实践,研究创意实践与理论之间的相互关系这样的交叉方向。这两条互补并交叉的路径方向将会引发思维领域对创意的极大关注。设想那些令人兴奋的课程、实习和与此类项目设计相关的事务，它们已经有意识地背离了传统模式。目前，一些大学为商科专业提供了创意写作的证书和课程。为什么不将这种做法作为 MFA 专业生涯的一部分呢？我们可以邀请企业人事专员去上课，同时也邀请商业和通信学院的创意写作教师团队进行教学。技术专家梅耶斯和斯塔奇也主张将 MFA 分成两个方向。最后，博士课程可能比对"作品"的"选购"更富于变化，包括亟需的理论批评课程、教师培训相关课程，如毕萨罗（2004：301）提出的课程设想，如"创意写作研究""创意写作教学法"和"创意写作教学专题研究"等，作为"将英语文学专业强调的研究技能与创意写作专业强调的指导技能联系起来"的手段。

与其搭建一个一站式的工坊，或是将创意写作与文学批评对立起来，不如像哈克（2007：16）那样给创意写作搭建坚固的壳甲。正如她自己承认的，她曾经在自己的实践中"倔强坚持，我们的承担经得起时间检验，我们在努力让创意写作有一席之地"，我们应当更有创造性和针对性地设计运用我们的工坊，让它更好地服务我们的学生、我们的教师，以及我们的学科领域。

（六）我们的传承或传说

人们对创意写作的认知是由它的传承所延续的——这一主题将围绕里特和范德史莱斯（2007）的文集《何以教授：拒绝传说的创意写作教学》来展开。传承这一概念被斯蒂芬·诺斯定义为"传统、实践和信仰的累积形成的实体……影响着写作的过程、学习和教学方式"（引自里特和范德史莱斯，2007：XIII）。此外，诺斯把"一切"都归为传承的组成部分,坚持认为"一旦有人称某件事已经起了作用,或者正在起作用,或者可能起作用,它就是传承的一部分"。(引自里特和范德史莱斯,2005:107)。他认为更令人担忧的一点是,考虑到质疑我们工坊实效的讨论,"既然一切相关事务都可以成为传承的一部分,那它们就都不能被剔除在外,这没什么可说的"(引自里特和范德史莱斯,2005:107-108)。

看来,有百年历史的工坊模式或许已经在微调之后成为一种传承,并且无论效用如何,都统治着以工坊为基础的创意写作课堂。但事实上,我的调查结果和德莱尼(2007)的报告都指出了工坊设置的大规模变化。德莱尼引用了这句话:"工坊是很有用,有点用,还是完全没用,完全取决于你问的人是谁。"但不管结论如何,工坊都是创意写作传承的一个重要组成部分,因此,诺斯坚称它不能被取消或是改变。他呼吁在别人低估工坊时,我们要"为它的价值立言"(引自里特和范德史莱斯,2005:108),但这个"立场要求从业者首先自省,检查,并挑战自己从制度上继承的实践,从而使它更为完满和健全"(里特和范德史莱斯,2005:108)。虽然我们会去试图挑战这种实践,使它更加生动完满,但仍然很难阻止和逆转工坊的传承成为一种传说,并将写作和作家做成流行的形象商品,因为这些都吸引着学生参加我们的工坊。

这类传说在流行杂志和励志指南中都有体现,比如《艺术家之路》《金脉》和《简单的富足》,或者那种暗示所有人都能成为作家的商业小册子。例如,在《华盛顿邮报》图书版的一本合辑中,流行小说家玛丽·希金斯·克拉克(2003)有一篇题为《被天使抚摸过》的文章,在其中她提到了一个采访中经常被问到的问题,即她何时决定成为一名作家。她的回答延续了写作不能被教授的传说,坚称天赋是与生俱来的，或者说是由传说中的守护神保佑的。克拉克声称，"我坚信神仙教母会出现在我们的摇篮边，赐予我们天赋"（p.35）。有人想象克拉克的神仙教母手里拿着魔杖，站在摇篮边赐她天赋，低声说："你会成为一个讲故事的人。"（p.35）其他作家则建议年轻作家只需听从自己的灵感，就可以学会写作。在《缪斯》这样的电影中也传达了同样的信息，它描绘了一个编剧利用现实生活中的缪斯来激发创造力的故事。

其他电影则通过将作家的孤独感浪漫化来维系这一传说，它们当中有展现作家因顿潦倒的阁楼生活的电影（《寻找弗罗斯特》《尽善尽美》《糟糕的爱》《百老汇上空的子弹》等），有展示曾经才华横溢的教师遇到创作瓶颈，被自己学生的天才所启发或是嫉妒折磨的电影（如《当阿力克斯遇到艾玛》《巴顿·芬克》《死亡计中计》《解构爱情狂》《夜晚出发》《神奇小子》等），还有描写作家的疯狂粉丝（《危情十日》）或酗酒作家（《酒心情缘》）的电影等。弗朗辛·普罗斯的小说《蓝色天使》是关于中年创意写作教授的故事。一名写作才华横溢而张扬的女学生恰巧加入了作家教师的工坊，他们彼此爱慕、约会，女学生成了他工坊的艺术化身与灵感女神。最终，女生的书稿得以出版，而作家的书稿却被编辑否定，作家放弃了写作，只将自己滥用药物的故事写成了回忆录。此外，作家在流行文化中的形象如《欲望都市》中的凯莉，以及自我疗救写作书籍如奥普拉所提倡的将写作作为自我发现的方式已经形成产业，这些都成为南希·库尔（2005）的文章《个人疗愈写作与文学写作》的主题。库尔注意到，当学生们"大多数都相信有关写作和创造力的流行神话"时，她发现与学生建立"有意义的"联系变得富有挑战性。只要写作和写作过程在大众的想象中继续变得神秘和刻板，"创意写作工坊的指导教师将会越来越多地面临挑战"(p.61)。库尔指出,当学生受到创意写作传说的影响时,他们就会产生写作过程很轻松的预期,"任何包含批评、修改和迎合观众期望的写作过程都将变得没有价值"(p.61)。

在创意写作项目的网站广告中也可以看到传说,即使是最以"严谨"著称的项目(注释6)。以哥伦比亚大学为例,创意写作艺术学院意味着"探索语言深刻的艺术力量",在佛罗里达州立大学则可以享受"南部地区的魅力,道路两旁整齐的小橡树和刚从海湾里新鲜出水的牡蛎",纽约大学学生参加工坊可以"放松地聚在一处,寻找阅读与写作的安静角落",麦切纳作家中心的网站指出,它位于"绵延的崇山峻岭与涓涓的河流湖泊所构成的如画风景中"。毫无疑问,查塔姆大学写作项目的核心在于它的自然环境和旅行式写作。学生们会去哥斯达黎加、新西兰、希腊、印度等地旅行,并"创作有关体验的创意作品",还得到"丰富的内观和冥想的机会"。在爱荷华州立大学,教师们在"大型办公室里工作,他们的课程和工坊也会在此处进行,整个校舍连为一体"(德莱尼,2007)。弗吉尼亚州立大学克里斯托弗·蒂尔曼的班级里的学生"在教师的客厅里学习"(引自德莱尼,2007)。这些广告迎合了人们所期待的艺术的核心:宁静的环境和氛围,而非严格和努力的工作。德莱尼在2007年的《大西洋月刊》上发表了一篇题为《伟大作家的摇篮》的文章,对美国顶尖的研究生写作项目进行了评估。他说,许多学生"受到了某些知名作家就出自该项目的暗示"。德莱尼指出,有一种说法是,"单个获得巨大成功的作家教师,似乎常常胜过一大批默默出版的作品,因为这些作品虽受业内人士尊敬,但并不广为人知"。

项目设计也常常成为以工坊为基础的创意写作课程传说的一

部分。莱希（2007：55）感叹学生们认为在她的课上轻轻松松就能拿A，而迈克尔·坎宁在布鲁克林大学时的"只要你不是什么都不做，你就能拿到A"的说法也佐证了这一传说（引自德莱尼，2007）。这种反批评的精明言论在其他地方也能看到，德莱尼的报告认为主要是"教授和项目主管将他们的项目描述为作家躲开批评的避难所"，或者如哥伦比亚大学的本·马库斯所说的那样，至少在"没有太多敌意的情况下工作"（引自德莱尼，2007）。纽约大学的项目主管查克·瓦赫特尔认为，这与其说是"教学生"，不如说是"帮助他们学习"（引自德莱尼，2007）。这种帮助是由詹姆斯·艾伦·麦克弗森（爱荷华体系的代表）提出的，他把工坊比作美国中西部的"邻居"概念，一个人穿越马路去帮助另一个人收割"庄稼"（引自德莱尼，2007）。这些不具威胁性的"邻居"教学方法支持了这样一种传说，即工坊只是简单的闲聊，是一场组织松散的"茶话会"——詹姆斯·威尔金森警告我们，这种风险是我们开放的讨论形式所带来的后果（引自德莱尼，2007）。

创意写作在历史书写上的缺位也为我们的传说增添了笔墨，它被认为只是为英语文学研究的统治地位做出了贡献。这样的遮蔽降低了对我们学科的具体认知，反而使我们在英语文学研究的大厦中变成了神秘的、蒙着面纱的房客。在美国现代语言学协会会刊（PMLA）目录中，创意写作也被排除在英语文学专业的列表之外。利姆（2003：153）的报告称，虽然美国手语、欧亚研究、古典文学和考古学、伦理研究和妇女研究等专业的课程项目都列在目录中，但却没有创意写作的项目清单。相反，在美国现代语言学协会（MLA）职业信息列表中却包含有创意写作的招聘信息。利姆客观地总结道："这是一个奇怪的矛盾，创意写作作为招聘部门的部分

发挥着明显的作用,但它作为学科的部分仍然是无迹可寻。"(p. 158)

大卫·马登表示,教师对传说的延续也有不可推卸的责任。他声称他"听到许多写作教师为了迎合学生,迎合公众的浪漫偏见,就否认写作是可以教的(声称写作是一个神秘的过程),然后说要实现某些远不可能达到的目标,如改变学生的生活"(引自里特和范德史莱斯,2007:ⅩⅥ)。难怪像苏珊·卡罗尔·豪泽这样的教师会注意到,"我们的学生之所以开始写作,是因为他们被要求去写作或被驱使去写作,而他们之所以留下来,是因为他们开始理解并热爱它"。第一种可能会随着"成为作家的传说"而延续下去,但第二种,我们希望,要伴随着严格的工坊环境,强调写作的过程和实践的回报。

也许,比影响我们的学生和项目的传说或评论家的抱怨更紧迫的,是我们发现这种声音其实我们非常熟悉。也许它们属于我们创意写作的同事,甚至我们听到自己类似的观点回响在最近在某篇文章中、某个论坛上、某次会议发言里,甚至当我们坐在充满希望的,手中拿着创作中的作品的学生面前时,这种声音也出现在我们的脑海里,它本想要向工坊要求更多——有时是在别的课堂上——要求更好,却有另一种声音如我调查中的一个回应所说的那样:"能有学生到我们这里来,就已经很好了。"

六、建立专业的独特标志

大多数创意写作教师显然是麻木地将工坊当作一项传统的教学方法,正如毕萨罗(2004:296)所总结的那样,这种模式的延续是因为它一直在用,而不是经过调查或研究而证明其有效。这就是工坊模式的传奇,其原因正如格瓦拉所说:"如此之多的创意写作工坊看起来就像一只雪橇,被一队忠实的狗拖过雪野中的沼泽。"我觉得创意写作教师也许就是那些忠实的狗,除非他们想继续下陷,不然他们应积极探索专业标志和改进工坊模式的方法。如果创意写作作家想改进他们的训练,那么他们将需要重新思考工坊的组成,探寻工坊模式的有效性,修正工坊的目标和僵硬部分,界定他们教学阅读、写作和反馈的方法,这种改进将进一步扩大与文学研究和作文教学研究的差别。工坊活动必须践行新的理论,开创新的教学空间,改进和扩充我们的方法,并且将创意写作视为一个发现知识和新意义的过程。

(一)阅读案例和工坊独特标志

2008年全国艺术基金会一份关于"读还是不读"的问卷调查结果甚至比2004年的还要令人沮丧,报告显示,美国人阅读小说、诗歌、戏剧的比例较之十至二十年前明显下降了。我们的大学生在2008年的调查结果中表现仍旧乏善可陈:65%的学生进行课外阅读的时间每周少于一小时,有人甚至根本不读书。学生们对此振振有词,他们声称在当今学校体制的竞争环境下,他们少有时间可以用来阅读。全国艺术基金会的总结报告中,有一项学生们或因技术而导致精力分散的推论。结果显示:"新媒体用纯粹娱乐逐步代替了阅读时的智力投入。"(布利斯 2008:2)自从学生坦诚地承认他们的注意力有限,甚至在集中注意力方面感到吃力时,这个说法便不足为奇了。学生们对推特、维基、博客了然于胸,热衷于脸书上的社交活动,在文字中用表情符号表现心情;在他们的电脑里 YouTube 的网址被加上了书签,他们熟悉用笔记本电脑、iPod、苹果手机下载各种电影和歌曲的方法,即使他们想要读书,也会选择在 iPad、Kindle 上读。他们做研究也完全依靠互联网。当教师们使用实体图书馆中的数据时,谷歌使用爱好者更喜欢搜索。他们不能辨别来源的可靠性,并且他们获取知识的迂回道路使得他们在观点差异微妙的迷宫中越走越深,迷失方向,他们掌握的知识可靠性是非常有限的。最近退休的全国艺术基金会主席丹纳·乔伊亚反对那些认为电子书已经代替印刷书籍的观点,他在全国艺术基金会摘要中说:"这不是印刷文化衰落的一曲哀歌,而是一种行动的号召,将为文学及其他艺术带来巨大的影响。"(布利斯,2008:1)

就像一位创意写作教师所描述的那样,对于我们的工坊模式来说,阅读意愿的缺失可归咎为一种尊重"除了文学之外的任何事情"的文化。有别于文学的新型表现模式,约翰·梅雷迪斯·希尔(斯克兰顿大学)仍憧憬那种纸质书在手中实实在在的触感带来的愉悦,但他渴望这些新的表现形式"吸引我们的学生,像我们过去那样,在学生会的某个角落里,一边卷着一页薄薄的书边,一边吸着一根法国烟或者英国烟(或其他东西)装酷,这在 20 世纪 60—70 年代的学生诗人中是很盛行的"。

结合全国艺术基金会的研究结果与当下学生在文学研究课堂里阅读"文本"方式的观察,就会发现我们的学生并不会将阅读时的感受带到工坊的圆桌讨论中。小说家弗朗辛·普洛斯发现文学研究的批评方法对她来说是有问题的。阅读的热情让她进一步继续研究生的学习,在这里,她认为应该继续维持文学阅读的兴趣,但是她的经历向她未来十年可能发生的事情发出了警告,之后她便退学了。她说:"文学学术研究就是结构主义者、马克思主义者、女权主义者等的斗争场,他们为了抢夺话语权,去灌输学生他们所阅读的'文本'的背后是哪种观点,甚至直接由政治控制了作家真正要写的东西。"也许,正因为我们体验写作的方式是将它看作一种个人表达,我们的自由心抗拒这样为文学塑形。苏·罗伊曾说:"因为我们知道,写作作为想象作品是可以由绘画、音乐、舞蹈或戏剧来丰富的,同样也可以由文学方面的深层知识来丰富,所以我们才特别抗拒必须将创意写作以或严肃或灵活的方式,与传统的英国文学研究勾连起来。"

加里·霍金斯则表达了另一些创意写作教师们的想法,他认为工坊模式"在学生同时学习一系列文学(阅读)课程时,才会达到最佳效果,这样学生才会从文学的源流获得关于传统文学的感觉,最终他们也要从这里出发。"尽管霍金斯特别指出他说的是阅读课程,但事实是今天的文学课程越来越少地关注小说和诗歌的阅读,却越来越多地关注莫里斯·曼宁(印第安纳大学布卢明顿校区)所指的"文学理论和伪政治话语",他指出这种现象会导致"无聊的、不言而喻的糟糕写作"。曼宁观察到,让人感到沮丧的现实是"当学生们来到工坊时,我们就知道他们已经丢失了对于英语文学历史和传统的基本理解"。莱斯利·艾德丽安·米勒斯(圣托马斯大学)同意此说,她认为:"由于英语文学的标准已经从新批评和文本细读方法离开了,工坊教学变得更加困难,因为学生参加课程时连基本的分析技巧都不具备——这使得工坊的方式显得无效。"米勒斯发现自她决心投入工坊工作后,花在教学上的时间比以前在教文学导论课程上还要多。

工坊模式是以批评阅读的敏感度和技巧反馈为基础的,默认学生们在进入自身角色之前,就知道如何保持敏锐和富有技巧,或者就像范德史莱斯所指明的:"把学生扔进传统工坊的冷漠环境中,就像在游泳池的最深处给鲦鱼开设游泳课程。"(鲦鱼,一种群居小鱼,通常跟随鱼群首领行动。此处指学生在这种工坊环境中会无所适从,译者注)工坊没有深入地探讨一个故事是如何生成的,而是引导学生关注他们"喜欢"或者"不喜欢"的,乃至形成了挑刺的习惯。这样的个人偏好使得学生的关注点从作品转移到了读者身上。更正确的方法应如 R.V. 卡西尔坚称的"优秀的作家感兴趣的不仅仅是能够成功地应用文学规则,学生们必须学习的是除却准则的文本本身"。

持有同样观点的还有 B.W. 乔金森,他认为:"几乎没有一个学生真正掌握了讨论句法的专有词汇,而且那只是他们不能准确陈述句子的部分原因,教师还必须教他们像作家一样阅读;你必须教会他们一个句子是可以去感知和思考的。"

不论我们学生的阅读兴趣的匮乏程度多么严重,工坊模式始终必须以培养学生成为文学读者为己任。在这个章节,有足够多的实证信息而非暗示,已经表明我们的学生在进入工坊课程时,没有足够高的阅读水平,除此之外,大体上说来,或者正如一位教师所感怀的那样:"他们只读安妮·莱斯(《夜访吸血鬼》作者)的作品。"学生阅读史及文学(阅读)课程的匮乏,加重了教师在设计工坊课程时的额外负担。实际上,像丽莎·路易斯(俄克拉荷马州立大学)这样的教师已经开始将英语文学研究的理论重点放在为工坊学生提供"更强的文学感受力"上。T.R. 哈默(亚利桑那州立大学)进一步补充了这一观点,他说:"创意写作指导者必须为保证学生的大量阅读做出建设性的努力,而不是假定他们可以不靠阅读就会写作。"曼宁提供了另一种减轻这一"额外负担"的方法,他建议我们开设名为"作家阅读"的课程来加强学生的阅读技巧,专为创意写作的学生而设，素材包含各种类型、各个时期的文学作品。曼宁强调，需要这样的课程来"增进创意写作的严谨性"。

范德史莱斯补充了这一论点，他提醒我们学生需要"带着投身写作生涯的责任感来……重新习得"（2006：152）。他坚持说："我们需要引导、鼓励这些学生进入到卷帙浩繁的文学作品阅读中，我们应列出包含大量作家作品的阅读书单，以拓展他们对于世界的认知，从而丰富自己的作品。"可以肯定的是，他们需要知道如何像一个写作者那样阅读，而不是像文学或论文研究者那样阅读，后者的阅读练习和我们是大相径庭的。范德史莱斯建议我们要时刻准备着"学生的'十万个为什么'，尝试进入作家的思维状态，不论是在阅读课上，还是在'工坊'里阅读学生的作品都是一样"。创意写作应当从文本内部思考作家在写小说或者诗歌时的选择，去想象这个故事还有什么其他的发展方向，伴随着"换种写法会怎样"的疑问来推理和建设理论。范德史莱斯告诉我们，创意写作为读者提供的是一种探索，为写作者提供的是一种假设。

这样的阅读练习有别于文学研究的阐释学方法，文学研究的兴趣在于研究文学文本的来源及对文本的解构（出于其他的专业性目标），而不是故事的构成。R.V.卡西尔阐明我们的读法应区别于文学研究以及作文教学对修辞形式的研究，他坚称"所有的创意写作者都对文本的制作过程、部分至整体的构成过程感兴趣，这意味着创意写作者都承认文本也许可以以一种完全不同的形式生成"（梅耶斯，1994）。故事或者诗歌所最终呈现的样态是由于作者在诸多处理方式中选择了其中一种。立足写作者的文学研究根植于这样的理解：写作者选择了故事或者诗歌的形式。斯蒂芬·塔图姆在1993年发表于《英语文学专业协会（ADE）通讯》的论文《"未名之物":创意写作在英语文学系的终结》的核心思想是:"艺术硕士专业(MFA)中理论的地位和作用岌岌可危,更别提创意写作专业博士学位了。"并且对"优质写作"的理解应当无一例外地与"优秀的批评阅读技巧"联系起来。我在这章回顾塔图姆在1993年发表的言论,是因为他采用了不同的方法来教授创意写作的学生理论批评和文化研究,让他们阅读理论和批评的方式有别于他人,并且引导学生"更少地投入到所谓的主题争论中;而更多地思考各种批评概念和理论风格如何对准确而清晰的写作表达产生帮助",他称之为培养"手艺"。这并非"认同某些关于创意写作学生将理论视为'敌人'的说法,或者学院同事们视硕士程度的创意写作学生为学术'垃圾'",塔图姆自己"从最优秀的创意写作学生的阅读方法那里,找到了兼具教学和学术的路径"。从他的创意写作学生那里,塔图姆了解到了"怎样通过阅读同时期的虚构作品来更好地理解一些理论方法,而不是先有了理论方法,再应用到虚构作品中"(注释7)。

尽管我们知道创意写作学生阅读采用的是更为具体的方法,我们仍旧坚持我们的学生必须通过阅读我们所列的书目,来拓展他们的阅读面,并且搜集一些经典的故事、诗歌、参考书来拓宽他们的写作之路,完成他们的专业使命。写作导向的阅读支架课程应当成为创意写作课程设计的一个部分,始于基础阅读技巧,包含更深入的阅读内容和路径,最终补充完善工坊模式。这些预示了创意写作研究将作为截然不同于传统文学研究和作文研究的学科,在未来进行更大规模的学术建设。

(二)写作案例及其独特标志

创意写作者通过阅读和写作来学习创作。我们知道作家式阅读会使读者积极参与进认知过程,之后可以区别于其他阅读方式的形式操控写作文本。普罗斯认为这种形式激发了人们对艺术作品的重新思考,这些思考不同于传统美学与哲学。她认为对文本的阅读"可以启发虚构写作的新思路、新方法",她补充说,"阅读和写作之间的关系是相当清晰的",并举了一个生动的例子:"就像看一个人跳舞之后悄悄在自己的房间里模仿几步。"

工坊模式应当清晰地表明阅读和写作的界限。创意写作实践在艾默生理论建构的萌芽时期(主要的文学手段建构之时),虚构与模仿的作文练习和类型化的写作练习是根据文学研究来分类的。但是,创意写作实践的准则在认识论上本身就不同于作文研究和文学研究,其关键在于创意写作更注重写作过程本身,而非以修辞或哲学讨论为目的,也未使用某些文学社团的写作方法。创意写作者并非从理论出发,仅以一个主导想法结成写作者和读者之间的契约。他们也不会臣服于那些为了满足读者而设计的、具有哲学哲理、反映社会思潮的、或逻辑上的修辞形式。他们很少会反对、驳斥别人的观点,或者将自己的立场置于更大的对话中以产生互文意义,也不会像组织学术论文或论争那样来组织他们的故事或诗歌。他们的叙述不会受累于学术词典的重压,反之,他们的诗歌满是碎片和意象。事实上,他们的叙述也许并不可靠,他们故事或诗歌呈现的观点也许是游移的、主观的、客观的、全知的——也许,他们的用语还受限于第一人称视角。

但从讲故事的角度说,我们更贴近人物的内心表达,以及日常生活的独特之处。我们的人物是有缺陷的、粗糙的、圆整的,因为他们的生活复杂,情绪令人费解或令人同情,他们的动机受他们的行动、对话、互动、所做的选择甚至所忽略的事情所限制,他们的行动会在过程中发生微妙的改变。就像罗伯特·奥伦·巴特勒说的那样:"我们的虚构作品,是人类向往的理想形式。"(引自巴德曼)我们写着写着就会带着一种不确定的立场,从而改变故事的发展方向和触发点。创意写作者会留白(或者恰当地控制信息的传达),但如果他们选择打破常规,那么他们也许会向读者展示人物裤脚上积下的灰尘,以及他手中垫子上的油渍的由来。

不同于营造直接的指示和关联,创意写作的读者会自己寻找那些写作者一路遗落的关联线索。我们会以出其不意的结局收尾,而非选择总结,或是与故事及诗歌的开头首尾呼应。写作者或许会以自己的环境(也许包含了动机、暗喻、信仰)创造一种氛围。他们会加工叙述,包括设置阻碍、总结、直接对话、场景切换等——也许他们会利用时间的快进、快退或者制造新的空间维度来创造新的世界。

写作教学、创意写作工坊课实践和作文课实践之间更多的区别在于,创意写作者在写诗或故事时必须忘记作文练习时的那些条条框框。创意写作者的创作也许最早来自作文教学的写作练习及文学研究教学,但显然由各自的写作过程的认知理论所表明,两者的写作过程区别巨大。创意写作保留的是对研究工坊写作实践的多功能性和实验性的需求,并且更深入地研究其专业独特性的标志。

(三) 反馈案例及其独特标志

在说明作为创意写作视域下的学生反馈之前,有必要先考虑学生在相互批改习作的过程中,文本、作者、读者和教师所面临的挑战和变化。如果我们遵从新批评的潮流,将一个文本看作语言形式,那么文本的存在是孤立的,作品落纸成文自成一体,与其说它不会呈现出未完成的状态,毋宁如爱德华·怀特所认为的,已经成为"待批评"的成品(毕萨罗,1993:236)。此外,当一个文本被客观化或被视为最终权威时,对学生习作的阅读和写作工坊对作品的讨论都会使作者陷入沉默,新批评的理论方法也因此变得复杂起来。这种沉默是公开讨论学生的诗歌和故事的结果,但作者在诗歌叙述人或小说人物形象中进行自我代入的可能被排除了。换句话说,这种对习作的解读方式忽略了作者的意图或暗含的自传性质,更不用说作者所涉及的社会或文化背景了。这种仅仅对习作本身进行观照的阅读方式,无法"传递给学生文本的言外之意或潜在意图"(爱德华·怀特,转引自毕萨罗,1993:53)。

新的方法假定学生可以分离文中的字词并联想到相关的社会或文化观点,而不依赖于阅读的源头或反馈的有效性。但是,哈克提醒我们工坊不是由完全同频的作家所组成的,这种理解会使传统工坊的阅读变得狭窄,只关注手艺和技巧。此外,传统工坊很少给人们以空间去挑战大师的叙述,或通过反馈主流文学形式而使学生的叙事更具可操作性。玛丽·路易斯·普拉特(1999)在《交会区的艺术》一文中敏感地捕捉到了一种思路,并且提供教师们一些能在写作社团里运用的观察法与教学法,其中就有管理工坊模式反馈结构的方式。

在她所描述的这一特定课程过程中,各种各样的学生会被吸引到一起,普拉特解释道:"教室发挥功能的方式并不像一个均质的社团,或者一个水平相当者的联盟,反而是更像一个笔友会。"文本解读有其历时关系,而她的反馈则使每个人都在话语中可有一席之地。这个理论对于工坊空间来说颇有意味,因为工坊空间也同样是交会区。当教师们使工坊空间更开放和灵活时,可以使参与工坊讨论的每个人都有所受益。当下工坊仅根据个别读者的个人口味作出利弊反馈,这样的反馈机制还有很长的路要走。

实际上,普拉特总结作为交会区的文化艺术学科包含了:"个人志、文化嫁接、批评、合作、双语制、调解、虚构对话、戏仿及方言表达",也有制造"误解、无解、陈词滥调、怀才不遇、意义岔路"的危险,如此,我们就能更好地理解当学生文本向技术及以外的东西开放时,工坊课程所面临的挑战远远大于作文研究或文学研究。尤金·加伯和让·拉姆热迪表明:"我们愿意称作反馈的是被文学学者称为需要背景支持的原初个人反应。"他们指出,如果没有这样的批评在场:"批评的镜头就会从文本转向学术研究的目标;而不是一种关于个人和意识形态的文本,或你我的暧昧遭遇(因此风险更大)"。

希利强调对于"预载"的工坊,从写作过程开始之前或之中便进行介入有其必要性,这与当下"如陪审团般苦心设计文学判决"的实践不同(希利,2009:38)。格兰特·马修·杰金斯(塔尔萨大学)也同意此点,他认为讨论工坊的设置时,问题在于"竞争激烈而又持久,因为学生只支持那种肯定别人想法的批评,他们对于评论具有不可告人的动机"。正如一位教师所评论的那样,当我们不去教学生"如何将评论投入实践","工坊感觉上就像在电视或是小组讨论里'投票'"。

凯伦·霍姆伯格(俄勒冈州立大学)提出,将作家而非班级作为首要的教学工具会不会"有悖伦理"。此外,就像一位教师所说,工坊假设"讨论中的作品需要'修补',就像一辆被带进店里等待修复的轿车,然后依赖学生的严肃性和经验性,这种方法是无效的"。

但是不少教师欣赏作家在工坊模式中的评论方式,他们使学生为集体性修改和反馈实践做好准备。在这里,注意力放了批评的目的上,使修改成为一种有效提高写作水平的方法。J.T.布什奈尔(俄勒冈大学)认为,"将故事放在工坊里进行加工,可能会使作者感到不太舒服"。长此以往所产生的结果就是,"越来越多的作者对于这种不适的反应就是拒绝这种生产作品的系统"。但他同样认为,"拒绝工坊经历的那些作家往往在他们的作品和职业生涯中已经举步维艰"。不只布什奈尔一人持此种论点,调查中,另一位教师也认同即使教学的动力有其不恰当之处,过程对作者的助益才是关键。这位教师提醒我们各种各样的学生写作者,不论是来自商业还是科学专业,都必须学会将自己的作品展示在众人面前以求得进步。他坚持道:"对作品展开文明的、理智的、实质性的对话,对于写作的健康发展至关重要。"

但顺着这条思路,一个"纯粹的"工坊"假设工坊里的每个人都有能力进行有效阅读并提供使其他成员进步的修改方式,其实是不合理的"。托姆·布鲁斯(布鲁顿—帕克学院)说道。"课堂还是课堂,"他说,"它的作用在于让人们有机会犯错,并且从错误中寻找规律吸取教训,在一小段时间内,利用'良师益友'帮助学生尽可能多地从他们的经验中学习到最多的东西。"他说,一个管理优良的工坊,呈现在课堂上的经验比任何个体经验都要丰富,不需要个人花费大量的时间去寻找答案、寻求进步。有时候,当教师(继而是我们的学生)尽可能多地在一学期内完成了提高我们学生作品这一宏伟愿望,他们便会为这种成效、在这间教室里的经历和管理优良的工坊而感到愉快。

但是,唐纳德·普拉特(普渡大学)相信"'灵魂'在技术的祭坛上会被轻易地牺牲掉",彼得·哈里斯(科尔比学院)则认为如果"工坊以清晰表达为先,"那么,也许"艾米莉·狄金森不会获得成功。"更进一步,爱丽埃尔·格林伯格(哥伦比亚学院芝加哥分校)直接表明了反馈的困境:"学生,甚至教授!都可能使诗歌误入歧途,并让自己困惑不已",因为学生们不知道如何利用工坊的评论。因此,埃里森·卡明斯(南汉米舍尔大学)认为学生可能"会确认在写作中什么是最平庸但最讨喜的,他们会忽视教师的批评,因为那需要花费很大功夫"。一位教师表明,最糟糕的是,"正面评论的激增会稀释学生的作品,一些学生会写一些乏味的故事,大家都觉得还行,但没人会真的爱它"。麦卡比对此表示认同:"学生会因为同学们的奉承话而轻易地满足,而不再思考如何使他们的作品变得更强大。"更深层的忧虑是,反对者认为如果学生评论与作者的意图背道而驰时,作者会忽略自己同学的评论而仅仅将教师当成自己作品的理想读者,因为教师是布置作业和最终给成绩的人。这种观点使得马丁·考克罗夫特(韦恩斯伯格大学)踌躇不已,并且设想"如果里尔克是对的,对于创意作品的批评反而会导致'快乐的误解'",而不是提高表达的准确性、作品质量或审美价值。他提醒我们说唐纳德·霍尔曾写道:"我们现在的诗歌留给后人的印象是平淡无奇和毫无野心的。"他在想是否工坊模式"炮制了大量同质的'工坊'作品,就像诗歌磨坊一般,而没有为写作做任何贡献"。

很显然,对作品错误的嘲讽式命名,类似于仅对最终作品(尽管有待修订)保有关注,或是读者反馈的这样的反复无常的负面现象都会归咎于工坊模式。这个过程还有很大的提升空间。对于初学者及刚刚从事创意写作的写作者而言,他们还在探索创意写作的"阅读""写作"部分,还不能指望他们带着批判性的智慧整体性地去评价作品。这种能力不仅需要学习和练习上的勤勉,更重要的是阅读经验及从协和的角度解读作品整体的能力。在这个层面上,我绝不是想停止写作工坊,因为学生仍然可以从中获利——至少拥有他们自己作品的读者——而是想将其看作一种警告,告诫人们过早地沉浸在工坊过程会导致无用的批评、对不成熟写作能力的自我膨胀,或是对仍处于萌芽阶段的作品的过早批判。

即使在艺术硕士(MFA)和博士(PhD)阶段,工坊模式仍然有大量的支持者和反对者,对此菲利普·杰拉德决定还是中立一点,他认为一方面传统的工坊仍然是终极的教学工具,这一说法在领域内有大量附和者,但另一方面反对的号角也值得再次吹响,"会有很多人围坐在一起说着'我喜欢这,但是不喜欢那个',这制造了太多防卫,其带来的坏处远多于好处"(引自德奈利,2007)。诸如此类的学生反馈对于作者或者作品及班级的集中学习经历而言都毫无帮助,不仅如此,它们还十分肤浅,对于帮助创意写作者形成专业独特性以区分于传统作文学科和文学研究也毫无帮助。而有些创意写作者——特别是本科生,则可以说是过于安静了。怎样才能唤起他们对某种写作方式的反应呢?这需要让学生们在班级中一起写作,分享作品,谈论创作过程,分享建立知识和信任的体验。佩里(2010:110)称这种实践为"手把手式的写作工坊"——一个学生由写作练习的形式而触发写作空间——一个"讨论后写作,写完再讨论"的地方,一个"他们产生探索性写作而不是预判性"写作的场所。所以当学生真正参与进佩里的小组互评中来时,"写作行为没有被严肃的手稿所改变,因为他们在课堂外已经好好准备了"(2010:118)。空间创造出动力和能量,这在其他学术科目中颇为少见,因为写作和对写作的反馈同样都是艺术表达,这种形式表明了我们专业的另一种独特性。

我也同意那些为工坊的另一形式辩护的人,他们不会特别把身份看作是限定的,把声音看作是唯一的,把工坊写作看作是有限的。我要强调的是这种工坊是可能的,并且还会有新的空间建构。空间"消解了权威"并让人思考这一模式还能提供些什么。哈克告诉我们(2005:99)她第一次认识到自己声音中重复的节奏——"说同样的故事,讲同样的问题",这使她的目标变成了"充分地迷惑学生,以迫使他们去打开新的写作空间"(2005:100)。结果是她建立了基于主题的写作讨论课和混合式工坊,这是"强烈的学术严谨性和认真规划后的产物"。

但是我们仍旧任重道远。莱特对于学生"声音"概念富有启发性的新理解,以及希利建议对"声音"真实性的质疑,都是我们停下来重新思考我们思想和实践的信号。这并不暗示着意识形态不会面临争论或写作者不会默认创意写作工坊的主要规则。相反,希利认为不同于竞争,"我们通过合作来进行学习,作为一个集体的成员,集中地遭遇到一系列的写作任务和批评活动,搁置争议,共同学习过去和现在的写作模式"(希利,2009:38)。这不是作文教学中的合作理论,那种方式中一致性压倒了个体差异,但在此合作是存在于我们写作过程的原始冲动和开放对话。作家能以各种各样的方式接近文本,他们的写作过程也会受到各种各样的影响,这是充满意趣的并紧扣尚待完善的新形势与新环境。而且,当完成的作品和学生的意识形态产生摩擦时,讨论会变得更有意味。这些对于扩大并激发写作过程的碰撞是十分有效的。

尤金·加伯(加伯与拉姆热迪,1994:17)在谈论现有讨论制度的限制时对这一观点进行了补充:"没有真正地触及深层文化在认识论甚至是本体论上的作用,讨论内容似乎是具有代表性的,但并不能很准确地代表(例如重新代表大师级的叙述)。"但他认为这个方向上的对话"将会是最有力量的,因为人们可以在这看到大师语言的组件与结构遭遇真正的挑战"。尽管我们不用将创意写作工坊变成一个面向社会和政治的平台,但是这个学科确实面临着全新的机遇,将工坊的要旨从现在挑刺儿式的有缺陷的模式,变为注重作家写作过程、写作选择及其对阅读影响的模式。

梅耶斯(2005)在谈到他的本科诗歌工坊及他如何基于经验对其进行修正时,分享了一则轶事。工坊大半讨论关注的还是技巧的元素——总的来说,关注的更多是编辑,而非修改。梅耶斯说:"也许,关于诗歌的讨论最有趣的路径,隐藏在我们继续下一首诗歌之前,教授看似即兴的评论。"(p.141)梅耶斯回忆说,当时教师停下了,回看了一眼他的诗作,然后才与梅耶斯讲述了他对此诗歌的第一眼印象:"有一半似乎伴随着爵士萨克斯的背景音乐",但也有"一些人或许会将这种诗看作是高雅艺术(p.141)"。因为梅耶斯的工坊空间隔绝了在教师协助下产生的,对传统意象与主题的讨论,所以梅耶斯所指的修改仅限于简单的技术层面,而不是探讨其他的可能性。在这一方面,我们可以预想我们的写作集体将如何改进,以"帮助学生更好地理解语言作为社会力量,理解他们的写作实践会如何在社会语境中产生功能"(希利,2009:38)。

七、创意写作研究作为知识的案例

关于创意写作研究作为知识的案例分为已知和未知两个方面。

(一）创意写作研究和知识的已知部分

在 2011 年作家与写作项目协会大会上,一位讨论组成员展示了对与会者在创意写作研究实践方面的调查结果。此小组成员主要是来自英国的创意写作实践者,在这一研究领域中,调查结果所显示出的创意写作者的冷漠态度让他们吃惊不已。如果我们推想反馈者是主流的美国写作者和教师的话,通过对比美国的创意写作和英国及澳大利亚大学中的这些课程,可以解释创意写作研究领域中的这种冷漠态度。

第一,当美国、英国和澳大利亚的大学生们同样完成了一篇创意论文和一篇内容充实的批评论文时(后两者对于学科知识有所贡献),美国的创意论文会被认可为是硕士或博士学位同等学力的研究产出("仍被认为是学术圈外的文学作品")(恩肖,2007:87)。事实上,在英国和澳大利亚,创意论文仅仅在与一项有效而合法的研究工作产生联系时才被算作是研究论文。这种创意与批评的杂交,考虑的不仅仅是创意写作者的写作过程,更是"一种为了获取知识和理解而承担的独创调查"(坎迪,2006)。换句话说,"创意工作作为一种研究形式"在创意实践领域——"创意践行者拥有的训练及专业化知识,以及他们对作品具有参与过程"——引导了"专业研究的洞察力,可以激起并完成研究"(史密斯与迪恩,1988:5)。哈扎尔·史密斯和罗杰·T.迪恩(1988:5)解释说"争论(以实践为基础的研究)第一重视的是创意实践本身,第二(以实践为导向的研究)关注的重点是当作家对他们自己的创意实践中涌现的洞察力所进行的概念化和理论化。"

第二,在英国和澳大利亚,大学对于学术研究实践有一套自身的管理条例和期望值,这些管理条例和期望值背后的机构是政府基金实体。在美国则相反,没有基金支持促使实践导向型的研究课程作为大学创意写作研究的一部分。更进一步的威胁是,很少会有学术层面的专业支持给予创意写作教师,让他们投入创意写作的批评研究。实际上,当默克斯里(2010:231)将"对现存员工奖励制度的抑制力量"纳入视野时,不仅指明了学科进化是如何之慢,而且指出了1989年他的开创性的学术文集《美国创意写作:理论与教学》都未算作他的任职期内的成果。对于这一局限性的补充有,2010年至2011年度学生令人震惊的入学数与大多数大学对雇员的"削减",致使本科生班级规模扩大(一个班有25人至90人不等),并且实践成了写作教师追求创意作品并提升其职位的最有价值的商品。另外,当美国教师打算采取行动探索创意写作实践时,学科会用它自己的方式保证教学任务,而排斥进一步的批评和理论。诚然创意写作教师会在他们的学术和论坛会议中检验他们的教学方法,这些理论化也会在某种程度上影响他们自身的教学实践(甚至可能对其他与会者造成影响),但他们的学术研究生却不会对自身的写作过程进行批评研究,或是将自己的理论设想带进他们的创意作品并给自己的研究领域带来新的学术知识。美国的创意写作在研究机构内部与其他研究性较强的学科保持着一定的距离。这还是考虑了那些软学科以及大学和学院里业余社群的结果。

虽然有人担心在英国和澳大利亚的博士学位课程中创意写作研究方法的定义,考虑是否应整合创意写作研究以适应现有的学术方案,但至少这些国家的创意写作课程确实让他们的研究生在进入更高等教育之前考虑同等地重视批评理论和创意工作。因此，英国和澳大利亚学校的研究生投身于（或者被期望投身于）研究方面的实践行为会使创意写作研究逐渐形成一门学术科目。同样地，创意写作方面的研究日渐成为大学产业的重要方面，正如其日渐成为创意写作学科知识发展的重要方面。

如果我们探讨美国的研究，那么更符合迈克尔·米罕（2010）所说的故意"伪造出好像研究过什么的样子"。"学术写作需要前期研究"，米罕告诉我们，创意写作依旧需要"大量的研究，不仅仅是收集信息，而是收集本质；也就是说，要将同类信息放在一起，你需要对国外的、不熟悉的、过去的或是未来的环境都建立一种'内行'的感知"。这种类型的研究对创意工作的发展和声誉有益，但是和实践引导型的研究并不相同，实践引导型的研究则"更加全面地直接面向知识，以拓展人文知识领域"（坎迪，2006）。

此外，当我们探讨美国创意写作学科研究生学位点的增加时，应该明白我们在博士项目上并没有新的理论框架，或新增批评观点，甚至还没有澳大利亚国家写作教育机构（NAWE）明辨是非。他们认为"创意写作本科生阶段更偏重'学养'（在这一阶段学生增长、应用知识，但不必要产生新的观点），研究生阶段则偏重'研究'（在这一阶段，新知识、新观点、新发现是首要重点）"（NAWE）。在美国，创意写作通过以下几种课程设计加强知识谱系：① "进行与学术研究等同或类似的写作技巧系统教学"（恩肖，2007：87）；② 教授本科生一些基本的学术知识技能，为攻读硕士和博士做准备。安娜·莱希（戴伊等，2011）认为创意写作知识的实质是"实际等于理论"，尽管她承认把这种知识称作是"理论"，和将创意写作称作是一个"实践学科"一样是"投机取巧"的，其中"一些是教学上的，一些接近于实际操作方法，一些则类似文学学问"。

作为学术科目的创意写作研究

英国高等教育机构中的创意写作研究与基础实践是分离的。英国的创意写作研究也许始于"那些联系起知识、知识调查以及知识获得的基本观点",但是创意写作研究现在"通过对实证和理论两方面的推进得以延续"(哈珀,2008:164-165)。在澳大利亚,创意写作的批评论文将理论与实践结合起来。创意论文"伴随着对学术知识实体的加工解释,而后将理论与实践结合进一个混杂的论文框架中,最终面向不同程度的读者"(克罗尔,2004)。在1996年之前,创意写作"没有研究活动,也没有可以定义自身的高峰组织"(克劳斯,2000),但是,澳大利亚写作项目协会(不是人们所知的对应新西兰和亚洲协作项目的那个澳大利亚写作项目协会)和创意人文研究计划极大地帮助了澳大利亚文学机构中创意写作研究的发展。这种模式来自澳大利亚政府对大学研究绩效的重视。简而言之,2009年的"澳大利亚杰出研究"(ERA)开始"第一次将创意写作相关研究的论文包含在内"(卡里等,2008:2),并且将创意写作和戏剧、音乐等学科集合在一起,作为"创新艺术与写作"旗下的研究门类。此外,2010年ERA试验项目要求创意写作学科(作为创新艺术和写作路径)"详述其何以构成学术研究以及对学术提供了何种独创性的贡献"(艾克与巴纳甘,2010)。

研究与新知将英国及澳大利亚的研究生创意写作项目联系在一起。2008年澳大利亚国家写作教育机构(NAWE)基础准则规定"针对创意文本的评价、成果或回应应视作构成研究和最终理论的部分"(注释8)。另外,这种评价和成果应当对完善创意写作学科的新知识起到作用。更加准确地说,以下几点应当与研究生计划紧密地联系在一起:

- 创意写作作为一个学科是否产生了其原创性的贡献。

- 过程和/或结果中可被证明的创新水平、可靠性及新方法的质量。
- 创意写作者对于课题事宜的参与度,以及受众意识或主体意识的形式发展。
- 文本的和/或文本间所应用的策略及其完成程度。
- 承担工作时所选用研究策略的合理性。
- 作品或作品集的完成程度(NAWE,2008)。

正因如此,"学生会在他们的混合型论文中平衡实践与理论,调整写作过程及理论",而这"要求学术性,同时兼顾灵活性、创造性和实践性"(克罗尔,2009:10)。

尽管资助政策与大学需求不强求美国的学科将实践引导型的研究融入其课程中,但一个强有力的、有说服力的、以调查观照实践的基本原理,仍旧向写作者和学科本身揭示着知识的新形式。如果要证明美国的实践导向型的研究有其优越性,意味着要回答如下问题:"我们如何澄清创意写作与'学问'的关系?以及我们说的'研究'意味着什么?"(哈珀,2008:164)简单的答案是研究给创意学者提供了"使其作品的诞生更能令人满意的机会"(斯克里夫纳,2000:4)。斯蒂芬·斯克里夫纳(2000:5)熟知如何管理和考察博士学位课程,他向我们展示创意写作与文学批评研究生行为与成果的价值,其作为一个过程"是有创造力和想象力的,并且通过创作出的作品被人们了解"。隐藏在研究理论背后的一条原则就是通过反思提供产生新意义的方法。在英国及澳大利亚的创意写作课程中,本科生们是听从这样的指引踏上创意写作和文学批评的旅程的:"不仅仅要自觉于过程,而且要联系语境,通过反馈获得前瞻性。事实上,此时此刻正是文化创意的需求和产出在指引着这些学生。"(克罗尔,2008:9)这是一个循环的过程,研究"可以在整个实践过程的任何时间节点开始,再通过实践带来的新思想,产生出新的知识"(克罗尔,2008:9)。这个过程包含了创意写作初起时(或者是过程的早期)的一个研究问题,那就是文学批评的探索与创意写作的过程存在跨学科多点交叉。最重要的是,研究中所定义的混合理论,不再仅仅指关于作家通过写作过程了解自己的个人性反应,而是一种可以研究这一过程的理论及其类型的学科,最终在该研究领域内贡献出独创性的新思想。

重要的是,研究引导着创意写作成为学识,那么作为教师,我们理应对我们的教学理论充满渴求。莱希同意这样的观点:"只要我们在进行教学,我们就有义务弄清楚我们的教学内容及方式,以及我们采用此方式教学的原因。"(戴伊等,2011)美国的创意写作由具体角度切入,通过探索创意写作过程和实践的报道与报告推进这种教学法的反馈。进入过程和实践的研究引导我们去思考工坊空间的其他可能,思考如何更好地评价学生的作品、拥抱新的综合式教学方法,并为数字写作开辟更多新的理念空间。

这些教学法的革新运动以实践为基础,但并非实验性质,它们正一点一滴、逐步推进学科发展。如果2011年作家与写作项目协会(AWP)教学会议的与会者对写作者以实践为基础进行创意写作研究表示出的兴趣预示着革新的开始,那么我们可以寄希望于更多可以将创意写作塑造为学术的机遇。

从作家与写作项目协会(AWP)大会的教学论坛开始(以及其他的诸如大学作文与传播大会的创意写作论坛),印刷和在线的出版物、新理论与实践的推进都有助于建立在此方面进行研究学习的世界性学者团体。杰里·克罗尔(2004)提醒我们"为了让写作者理解他们所处的文化环境,他们必须理解(就像科学家必须理解)在这个领域内进行的一切学术建设"。美国学者也带着重要的讨论及研究,参与到主流写作会议中。斯克里夫纳(2000)认为:"总体来说,践行者并不仅仅关注实践:他们关注和阅读其他人的作品,阅读本专业的学术期刊,并且关注社会、文化和科学的发展。"美国的作家教师对斯克里夫纳所强调的专业积累投入了时间,但是在大学层面,我们却很少有机会看到结合知识获取与"实地实践发现新理论与知识的活动"(斯克里夫纳,2000)。创意写作研究,作为一个学术科目,也许会给高等教育课程层面带来更多、更广泛的以实践为基础的研究,也会建立由实践所引导的、探索全新理论知识的研究。从纲领性的层面上说,美国创意写作课程有必要在学术建构与学术原旨上发生变化,将文学批评补充进研究生课程。但是在混合理论能够(或应该)补充进来之前,身兼创意人、批评者和写作者的教师们可以更微观的方式,补足学科当前的学术体和教学法,使创意写作本科生更多地接触这个领域的历史和实践。这种努力的结果可能会带来批判性的反馈,但也将建立产生新理解和洞见的新研究模式。创意写作研究作为学术科目支持将创意看作是"想出新点子或者创造全新的、令人惊喜的、有价值的作品的能力"(波登,2004:1)。对创意写作过程和领域的探索将加入我们的学科要求,这种知识习得都会转化为新的理论和新的技巧,最终教授给我们的学生。将创意写作研究加入美国的创意写作课程设计,将会为我们的实践带来更多操作指南上的意义。

(二) 创意写作研究与知识的未知/求知部分

我们需要知道创意写作研究如何建立有效的测量基准。但在探索这种完美的测量基准之前,我们有必要理解我们做出这一努力的原因。约翰·格雷奇关注创意实践互动性、对话性的特质,他认为"创意活动和实践引导型研究在其话语过程及范围的影响上可以实现有效测量"(引自佩里,2008:7)。此外,尽管我们知道"创意写作研究在方法论上是成立的",但我们还不知道应该如何清晰地表述这些方法,正如我们还没有开始在任何重要语境中探究它们(注释9)。在英国和澳大利亚,学术创意写作课程系统有大量数据来支持创意写作研究的知识生成。通过博士学位项目的管理与考察、对研究方法和基准语言的探索,都将使创意写作在其学术领域的知识生成上达成更为广泛的共识。

关于创意写作及其研究,我们还需要了解如何使人们更好地理解创意写作是一种特定的研究模式。尽管学术研究的方法论已经得到清晰定义,但创意写作"仍需要建立自身领域独特的研究方法论"(迪恩与史密斯,2006:5)。带着对自身研究方法的完全把控,学科应当界定"在何种条件下,创意可以作为知识或实现知识的习得"(尼克拉斯·卢曼,引自赖利,2002),而不是任由传统大学研究的标准扭曲这些条件。作为创意写作研究者,我们需要"推动对我们独特性的更优理解,并且在此领域内为我们获得更高产出给予适当支持"(米罕,2010)。

尽管创意写作课程在美国,没有达到像英国、澳大利亚以实践引导研究同样的高层次,但参与国家范围和国际范围写作联合会议(如 AWP、AAWP、NAWE、国际创意写作大会等)的作家教师可以证明,美国现在"对创意写作本质的认识有极大提升,能够将创意写作本质、其学养基础与学术认知合理结合起来"(哈珀,2008:161)。创意写作研究国际中心(ICCWR)这一组织致力于推广全球范围的写作社团,同时通过对创意写作行为和创意写作实践的批评来进行研究(注释10)。创意写作研究作为学术科目可以鼓励践行者将知识和实践联系起来,并且形成学科自己的创意写作理论。这的确具有可行性,因此我们(即国际共识)可以将研究看成"以各种形式在实践和知识范围内进行的活动"(米克,2010:3),这样,创意写作可以在全球范围内提供——超越了国际间的课程差异——并探索出"全球"的共同话语,以便我们可以将创意写作作为学术知识来进行讨论。

八、工坊模式:最终结论

如果工坊教师们继续制造"他们自己对于创意写作课堂传说的解读,那么这一领域作为整体会拒绝自身作为学术科目的身份概念"(里特与范德史莱斯,2007:Ⅺ),写作工坊也只能原地踏步。我们中的大多数人不想重复令人疲惫的传统工坊模式,尽管斯塔基声称维持现状对一些人来说事关重大。约翰·霍普金斯项目的导师琼·麦凯利警告说:"如果工坊仅仅关乎自我表达,那么你就不能准确地把握文学。"(引自德拉尼,2007)提倡工坊模式的严谨性和创造性,并不断提升工坊的灵活性,教师们通过一直以来的努力,为我们的教学法、我们的学生、我们的专业提供了更为智能的模式,以其独特性和作文教学研究、文学研究区分开来。

注释：

1. 这章节的部分内容出现于我在2010年编辑的文集《创意写作工坊依旧有效吗?》的导言中。

2. 创意写作教师对我关于工坊模式的调查的反馈所产生的一些评论及引用都包含在我的文章里。为了区分这些反馈和对其他学者的引用，我在文章中用括号标注了参调者的姓名和大学，以特指在调查中反馈信息的创意写作教师。

3. 该概念引用自欧文·科林在我2010年编辑的文集《创意写作工坊依旧有效吗?》中的一篇论文。

4. 参见 http：//www.bangor.ac.uk/creative_industries.

5. 参见 http：//www.qut.edu.au/.

6. 参见哥伦比亚大学艺术学院网站 http：//www.columbia.edu/cu/writing，佛罗里达州立大学网站 http：//www.english.fsu.edu/crw/index.html，纽约大学网站 http：//cwp.fas.nyu.edu/page/lillianvernonhouse，德克萨斯大学奥斯汀分校米切纳作家中心网站 http：//www.utexas.edu/academic/mcw，查塔姆大学网站 http：//chatham.edu/mfa/.

7. R.S.塔图姆的个人交流，2011年5月11日。

8. 详见 http：//www.nawe.co.uk/writing_in_education/writing_at_university/research.html.

9. 此意见来自我和格瑞姆·哈珀于2010年在Skype上的对话。

10. 创意写作研究国际中心(ICCWR)由格瑞姆·哈珀领导，详见 http：//www.iccwr.org.

第三部分
创意写作学的学术起源

也许，确定创意写作研究的学术起源是本书的首要目标。在前文中我将创意写作和创意写作研究定位为一个处在十字路口的学科。在关于工坊模型的讨论中，我推测了这两个学科的发展轨迹，并且建议了课程的发展、项目的设计，以及提出课程目标所期待的本科和研究生水平。在本章中，我将论述创意写作研究的学术起源。不过应当指出的是，当我在思考创意写作研究在学院中所占据的空间时，创意写作（也许是以多元的形式）学科的学院环境成为讨论中的自然组成部分。这主要是因为创意写作与英语文学研究学科之间有一段历史联系，更是因为创意写作研究是一个新兴的领域。

假如创意写作能给学院提供增值服务，我认为这将会给创意写作学科许多可能性，其中之一是留在英语文学系内作为一个可行的、不断成长的计划学科，提供给那些第一志愿是写作的学生。但本章的主要目的是探索创意写作研究的其他选项配置，其中涌现了很多拓宽创意写作研究领域维度的方向。创意写作学的徘徊处境与我的假设完全一致，但这也使创意写作站在一个充满热议的有利位置，它的定位允许我们从深远的角度去思考创意写作的学科定位，并根据曾被遮蔽的形貌来判断它的学生、教授及整个领域的前景。

如果创意写作是一个跟英语文学系几乎所有学科都有关的热

门学科,那我们为什么需要去思考它的学术起源呢?创意写作研究能从当前的创意写作基地中独立出来并建立它自己的学术运营吗?此外,主张创意写作研究建立其自身的学术起源意味着将会引起相当大的动荡。我们必须听取来自那些对我们的学科生源知根知底的批评家的争论,而不仅仅关注哪些是学生们更喜欢阅读的文学。也有来自认同我们"失败者"地位或我们写作课中妥协者的关注,因此任何关于创意写作学的学术起源的讨论都意味着我们创意写作的教师的一些缺陷会被暴露出来。他们中的许多人都不喜欢对他们的实践进行深入的钻研,也许是想要保持写作过程中的神秘感和专业知识。为什么要挑起这样的讨论?在美国的大学里有这样的论点——创意写作现在跟文学研究及作文研究一起,各自代表着英语系三大动力板块。创意写作课程的增加和计划招生人数确实意味着它已经达到成为一门专业学科的规模。只要这些数字继续增加,创意写作就能一直运作以工坊为中心的教学。

  从某种意义上来说,自从爱默生提出创造力的民主化以及在美国的大学内学习创意写作的需求以来,创意写作的起源已经成为一个重要的问题。无论怎么解释,它本质上仍然是一种对文学语言学研究的背反。艾默生的关于创意写作的观点过了50年才在学术界取代过去的思想。创意写作曾被设想为教学法的一种,在爱荷华大学作为一门基于工坊的课程进行运作,它聘请作家、诗人与文学批评家、作文学者进入同一个教职工团体。理查德·雨果(1979:54)的推论听起来相当令人信服,他说:"英语文学系可能是一个对创意写作来说最合情理的去处,因为创意写作已经跟其他的写作、批评及阐释,还有阅读和写作,都形成了紧密的关联……"

虽然创意写作项目在继续发展,学生入学人数也在稳步上升,但这门学科仍旧保持着跟其他英语文学研究专业不同的学术规范。林玉玲(2003:154)提出"创意写作的主要吊诡之处"在于它的诗歌、小说和戏剧的形式如何塑造了"教学的主要内容";它如何从文学研究历史的关键角色中缺席;以及它如何"从学科和专业构成的视野中消失"。虽然与英国及澳大利亚的创意写作历史与教学法均有所不同,但美国的创意写作项目"也很少接受外界的评议,或是被要求与作文教学和美国文学研究程度相当的自我审查"(林玉玲,2003:156)。林玉玲问道:"为什么当下的大学研究不与创意写作合作,甚至摈弃它?"

今天,创意写作的毕业生在和他们的修辞学、作文学和文学研究的同行竞争同一份工作,包括综合性课程任务,即包含创意写作、创意非虚构、现代文学和写作课程的教学任务,以及某些文科类院校及一些综合性大学的必修课。创意写作准博士们和硕士毕业生们也没有从创意写作的教学中获得什么,因此,不清楚学科历史、没有理论支撑的创意写作毕业生们占据了该领域内大部分的教职。教师不太可能查询,或者研究,或者出版和该领域相关的学术成果,同时他们也倾向于遵从工坊的传统。我们的学生数量可能会增加,但是教学的发展却没有因此跟上。

我主张另一种创意写作研究,其学术起源更多地倾向于唯物主义,与其文学研究与作文研究的同行们更加保持和而不同的态度,并且和学生保持更大的距离。我将在本章着重研究的问题是:什么能赋予创意写作更多的学术内涵、专业性和生源,使其可能提升自身作为学术领域所必需的素质?

一、对空间、区域以及权力的控制

福柯指出:"空间是任何形式公共生活的基础;空间是任何形态权力的基础。"由此说来,权力、知识和空间的关系变得密不可分,是无可避免的。同时福柯告诉我们,空间是控制权争夺中至关重要的部分,而权力可能起积极作用,也可能起消极作用。领土争端经常伴随着由于意识形态冲突而导致战争及随后对空间、产业和权力的控制。我们可以看见在英语文学系的霸权中,文学已经占据了主要的领土和权力,权力的能动作用也因此结束。特别是在 20 世纪七八十年代,不仅仅文学研究缺乏对创意写作专业进行学术建设的认知,创意写作的教师(主要是艺术硕士毕业生)也经常对他们自己加入文学批评(研究、理论实践)写作的可能性持有悲观的看法。因此,创意写作与文学研究在密不可分的同时,摩擦也接踵而至。即便是在创意写作博士项目开始兴起的今天,创意写作学者们也和过去一样未引起人们的重视,某些文学院的教授还将这些项目和创意写作的论文看作是反智的。

空间可以成为让某些权力尽情表演的舞台,福柯也同样将空间设想为不受束缚的自由地。在这个理想化的自由空间里面,我希望能够支撑起关于创意写作一定会确保其学术起源,以及与文学创作研究保持和而不同立场的可能性。我们很难为创意写作研究申请到一些物理上的空间,因为创意写作学科设立在不同区域、不同的大学内。美国的部分创意写作项目是建立在英语文学系里面的,但也不总是如此。范德史莱斯提醒我们"在每个机构中创意写作所扮演的角色都不尽相同,从某些学校的基础必修课到一些专修小班化教学……我们不应该谈论这些仍未彻底统一的领域"（戴伊等，2011），并且这种分散性也意味着会有因地理环境而导致的差异。尽管创意写作研究有物理性因素的影响，但其作为学术科目的概念空间——它的学术环境、与其他学科的认识论差异及它对学术和自身领域的贡献等——在学术制度内比其物理空间更加重要。

二、创意写作研究的学术起源

我在此之前已经探讨了创意写作和创意写作研究——均面临与英语文学研究共存或是从英语文学专业分裂出去的选择——今后的方向。我反对将创意写作研究放在基础研究的地位。作为替代，我期待着能够站在更平等的立场促进相关从业者的互动（而不是孤立），提出能将职业培训包含在内，以增强师资、安排研究日程和学术讨论、使参与者能够将其作为研究领域来对待的创意写作研究的学术起源。通过探索这样的学术起源，我的讨论将促进创意写作研究成为被广为接受的专业性知识主体。

（一）创意写作研究与文学研究

2006年，在美国现代语言协会（MLA）时事通讯的社长专栏中，玛乔丽·佩洛夫考虑了创意写作项目博士数量的增加以及这种增长对文学研究将意味着什么。她推测创意写作博士毕业生将被要求教授除了创意写作课之外的一到两门现代文学课程。相应的，这些毕业生将被期望具有一定"近现代的文学常识，包括类型流派及其特点"，不论他是否认为一个创意写作毕业生的必修课程应包括传统文学(2006：4)。既然此逻辑表示具有博士水平的创意写作教师的阅读理论必须结合"修辞学——注重写作形式而非写作内容"(佩洛夫，2006：4)，在他们的教学方法中，这些实践必然与文学研究产生更多关联，并使学生更多地参与到文学作品的阅读中来。对佩洛夫等人来说，将创意写作的博士生(虽然不一定最后都在高校教书)团结起来的，是他们"对人文关怀领域"——文学领域的热爱，"有了文学，创意写作才有立身之处，反之则将无路可走"(p.4)。

以上的这些说明理解创意写作与文学研究之间的纽带(不论积极与否)是非常必要的。因此，一方面，以佩洛夫等人的观点而言，创意写作需要文学作为教育学生的一种手段，文学作品的阅读通常被认为是文学研究的初级功能。但另一方面，这种观点也说明创意写作研究全新的重要工作是伴随着20世纪文学的明显衰落而来的。也就是说，相比创意写作，文学研究似乎更"无路可走"。很明显，文学研究仍然渴望维持在创意写作中的主导地位，因为"许多人都认为创意写作从属于文学和文本解读"(克劳与奥尼尔，2002：31)。创意写作的角色是引导学生进入文学学习，此观点的前提可以在20世纪前期的实验学校中找到，在这里，休·默恩斯的学生在学习中将文学作为他们实践的必须工具。

沿着与佩洛夫相同的路线，保罗·道森(2005)加固了创意写作和文学研究之间的合作。通过他对文学研究的理解，他为创意写作重新设定了一个角色，在其中他将创意写作指为"新人文"。尽管道森对佩洛夫对作家和评论家之间关于文学的完整性及美学价值的重要性等方面的戏剧性争执表示轻蔑，他仍然看到创意写作和文学研究共同的基础与目标，他们的社会机构角色，而非一般形式的理论或创意过程上是同构的。

道森本人适应了澳大利亚创意写作项目在新人文学科后理论环境中所提供的现状,将作家和评论家塑造成公共知识分子的形象——"典型的新人文主义形象"(2005:201)。道森概述了由作家承担文学权威的各种形式,并展示了这种权威如何安置了作家的地位(2005:185),他还为创意写作寻求新的目标,"超越它'官方的'雇佣和训练作家的目标"(2005:192)。道森认为,必须有一种"大学特有的功能",通过文学教育的激发,才能"扩大学院内文化知识分子的知识领域"(2005:192)。因此,比起继续"在教授文学写作的同时教授文学批评写作",道森提出了一种"学院派文学创作研究的特定模式",认为它可以实现文学创作与评论在实践上的互补(2005:178-179)。

我支持创意写作作家扮演公共知识分子的角色,承认加入学院派的势力会带来较高的收益,我也同意(创意)文学与文学评论具有互补性,但道森的观点限制了创意写作研究迈向其他道路的可能,也许它可以在那里找到更加合适的事业方向。比如,创意写作研究对社会媒介的使用就会是这样一条道路,借助它的即时性和技术性会超越传统的文学写作与阅读。如果我们要让学生产生新思想,尝试新观点并持续探求人类新的表达方式,如果我们认为"写作空间"会影响我们写作的内容及与他人互动的方式,那么我们也会想要在媒体和探索技术的领域与他人合作——在我们的课程和项目设计中——选择数字写作与数字教学。这种交互状态为跨界学习开启了道路,并创造了更多虚拟的知识空间。这种前瞻性的创意载体很可能与文学研究的传统教学模式背道而驰。

为了进一步论证我为什么反对文学研究作为创意写作研究的

学术起源,我认为,与文学研究的合作关系(或分崩离析)对创意写作作家如何决定或塑造本科及研究生项目的发展而言,并没有十分明确的影响。在这种合作关系里,谁在代言创意写作课程项目的目标与方向?谁又在代表创意写作研究及其学生的发展?道森的"新人文"如何为我们的领域提供专业的独特标志?在"新人文"的旗帜下,我们被赋予了集体的学术身份,操纵着我们偏离了自己同时作为作家和艺术家以及教师和学者的身份及道路。这样的不确定性给予我们一份熟悉的不安全感,文学研究依然凌驾于创意写作学科之上。此外,这个新的学术起源是否能在文本的相互作用和文学研究的方式之间进行协商,这似乎值得怀疑,这是文学研究、创意写作和创意写作研究之间的根本区别。鉴于当前英语文学学习模式不太可能转变,在这个领域重新定义一门新学科似乎不太可能。此外,正如道森所言,文学评论与创意写作的分道扬镳已经在个人身上有所体现,在创意写作研究领域——解除了与文学研究的联合之后,这种学者被称为"技术批评家"(梅耶斯,2005)。

(二) 创意写作研究和文化研究

关于确定创意写作研究在文化研究纲目中定位的论争与对学生全面的美学教育理念有关。这样的美学教育在英语文学专业中显然是有问题的,因为它将文学研究拆解为一系列碎片化的行为,并主要集中在对文本进行历史和意识形态分析。而在这种教育中,创意写作则主要专注于写作艺术的过程及完美作品的制造。关于创意写作以文化研究作为学术起源的讨论是基于两者的联合是创意写作在与文学研究公开决裂之后的选择。如果在艺术课程中处理写作的方法鼓励彼得·豪沃斯(2007：41)所说的"使学生进行再次思考"，那么这种分歧就不仅仅是领土问题了。换一种说法，学生的"语码转换"随他们在什么班级而定，反映出学术分裂出现在理论建设者(评论家)和诗歌及小说的创作者(作家)之间。

比起鼓吹学术分裂，支持者更相信使创意写作或创意写作研究成为文化研究纲目的一部分，将弥合创意自由和历史批评之间的鸿沟。学生们或许会抗拒对作品进行传统的文学批评，而转向对阅读及创作某种特定形式的感觉体验。课程可能包括文学理论、中世纪文学和社会语言学，并辅以讨论课，在其中创意阅读将引导学生讨论他们在阅读与写作中遭遇并抵抗、反对过的文化类型。与文化研究的结合使凯文·波尔菲(2000：203)推断，这种结合非常关键，因为"如果学生们想要保持一种成熟和安全的学术水平，那么在他们的写作方法上抵制僵化是很重要的"。除了为学生发展提供更好的美学教育，创意写作研究与文化研究联结背后的基本原理是为了弥合曾经与传统英语文学专业课程之间的学术分裂，使学生能够同时参与进文学批评研究与创意写作中。

在文学批评的社会背景下，增加一系列实用的文化研究课程和小组讨论课程，以促进学生创意写作研究的经验，这其中的意义在项目层面上是毋庸置疑的。本科生及研究生项目应当使学生参与到文化研究课程中，并向他们引荐多种可能性。然而，以此推进创意写作研究作为学术科目的发展，最终很可能将其限制在单一的关注点上。

（三）创意写作研究和独立写作项目

创意写作研究的学科基础会在独立写作项目中安排特定的学

科空间配置,它与仍处在英语文学研究学科部门边缘的创意写作学科完全不同。这个学科空间不再是英语文学研究专业的一部分,而是另辟一个专门用来创作的新学科空间。要建立这样的空间还需要讨论更多科层和操作上的问题,比如资金来源、人员配备、课程设置,以及如何使这样一个独立的写作项目在现有的大学结构中获得认可。

如果我们要评价这种"新型合作",就一定会面临写作指导领域的根本性挑战。为了重申在这一情境中出现的学科边界(克劳与奥尼尔,2002:8),就必须考虑在独立写作项目中极为重要的团体意识。在英语文学系中,创意写作学科并不是唯一处于辅助地位的学科。尽管学科专家号称有与硬科学同等的权利,作文研究长期以来仍被视作英语文学系内负责基础粗浅教学工作的服务部门。作文教学的主要问题在于"深度根植于英语文学专业的传统和学科史"(克劳与奥尼尔,2002:8)。因此,作文教师长期以来一直设想建立能够与英语文学专业分离的专业学科,正如马克辛·海尔斯顿在1985年的大学作文与传播大会上所作的主席讲话所言,她号召作文教师建立心理与智识上的独立性,与处于英语文学专业学术权力中心的文学评论家们区别开来(转引自克劳与奥尼尔,2002:2)。

创意写作与作文研究有隶属于文学研究的共同历史,在写作实践和写作理论层面上也有共同的兴趣。在一定程度上,这段历史引起了创意写作研究的注意。毕竟,许多创意写作实践的重要基础都来源于早期的作文教学,而且很难不被卷入任何一个从这两个领域所衍生出的困境中。

丹尼尔·罗耶和罗杰·吉尔斯(2002:32-33)在伟谷州立大

学学术创意与专业写作学院建立了这样一个空间,给创意写作学生提供了"双倍于许多写作课程"的课程项目。其课程模式加入了"艺术和设计,工坊课程数量超过知识性课程,但'知识'就自然地在每一节工坊课堂上得到传播"。对于创意写作的学生来说,这不再是一个有关文学或写作的空间,而是"写作理论、写作教学和阅读理论"共处的场域(p.33)。这意味着交叉融合的可能性,比如融合媒体研究——由写作专家、诗人、虚构作家、传播技术专家和传媒学者组成的团队共同授课。弥合其中的分歧对学生在此综合而协作的模式中思考、阅读、研究、学习和写作的方式具有学术意义。

虽然对创意写作研究来说,这个空间构造的独立写作项目会让我们有趣味性和创新性的收获,然而有得必有失,在创意写作作为独立学术科目获得自主权时,这种独立性也要比我们在这里描述的联合性写作社区承担得更多。另外,我们与英语文学研究的"离婚"(如果婚姻的概念可以不严谨地运用在这种关系语境中),可能会让我们不太确定,如此快速地确立另一段感情是否又是"与另一个'压迫者'同居了"(克劳与奥尼尔,2002:3)。还有其他学术空间如北卡罗来纳大学威尔明顿分校的创意写作项目则号称不仅拥有自己的教学人员,并具备自主的行政职能。这样的事业需要一份项目内容细则、资产数量的限制和量身定做的课程。也许这样优秀的写作中心的独立运作功能,会像某些医疗中心在其专业领域而闻名。这种项目有许多优势,但是有些人可能会产生这样一种担心:定义一个特定的课程利基(专业化)会切割掉部分课程的教学,并将某些扩张机会拒之门外,最终限制项目的发展。这种项目机制目前在北卡罗来纳大学威尔明顿分校的创意写作项目中运转良好,因为正如该项目负责人菲利普·杰拉德所言:"知道什

么是最好的是很舒服的。"(注释1)

在设想如何从独立写作项目中获益时,我们可能会问,我们可以开发什么样的新课程,将团队教学与作文教学、专业写作和传媒技术等领域的课程交叉结合起来,从而为创意写作研究项目的设计增加深度?

(四) 创意写作研究和作文教学研究

限制较少的独立写作项目包含了大量的创意写作研究的空间属性与作文教学的许多方法:或作为两个领域之间的交叉,或作为主要或次要的项目路径,或作为学科研究内部的聚焦点,或作为学科边界的融合与模糊。最早提出创意写作和作文教学之间具有天然联系的是默克斯里和毕肖普。默克斯里(1989:25)在《推倒壁垒:激发想象力》中认为,"参与学生的想象"是我们教学的主要目的,这个过程"需要跨学科的方法,汇集起创意写作、文学、批评和作文教学"。毕肖普(1994:181)在《跨越界限:创意作文和创意写作》一文中断言:"我们需要比现在更频繁地跨越写作与创作之间的界限。"玛丽·庞塞特和罗斯玛丽·迪恩一致认为:"写诗和写作文没有本质区别。"(引自毕肖普,1994:190)

如果我们像庞塞特和迪恩一样相信"所有写作的学生都是有创造力的,他们的创作总是具有文学性,且写作过程具有基本的共性"(引自毕肖普,1994:190),那么每一门学科都能从别的学科中学到点什么。奥斯特罗姆(1994:XXI)告诉我们,有一些人相信"(所谓的)想象力写作会在(所谓的)第一年的基本写作学习中发挥更大的作用"。另外,泰德·拉德纳(1999:72)认为创意写作"在过程论、教育论、认识论等方面都借鉴了作文教学的重要经验"。

无论学生是在作文课上写修辞分析,还是在写作课上写小说或诗歌,这两个过程都结合了创意和作文的一些要素。此外,"两者都基于某种程度的现实,也都涉及想象力的运用,还都含有作者的主观性"(米勒,2005:43)。它们都需要构思、草就、反复修改的创作过程,并运用"读者反应理论,相信作品的意义并不仅仅存在于文本中并由作者决定,或一经置入便无法改变"(毕肖普,1994:191)。正如毕肖普(1994:191)所言,"意义"是"作者与读者在阅读过程中共同建构的"。她要求我们思考"多年来,我们可能一直在阅读大量富有想象力、富有创造力的文章,甚至在我们把它们作为非虚构作品进行评价时"(1994:192)。此外,毕肖普声称:"也有可能在一代代创意写作学生最初创作的大量'家庭故事'和'真实经历'中看到想象力。"(1994:192)在我看来,作文教学和创意写作之间进行跨学科是合理的;然而,正如毕肖普所言:"过去有限制的学科区分……之所以被赋予首要地位,是因为它们帮助我们保持自我,并能安全圈定我们的学术领土。"(1994:192)这些"有限制的学科区分"仍然是作文教学和创意写作研究跨学科交汇的主要绊脚石。

尽管在哈佛大学英语系教育的早期,创意写作与作文被认为是一回事,但从那时起,它们的道路就已经产生了分歧,这便给它们至今仍未完成在学科上的融合埋下了伏笔。首先,它们的学位教育路径的方向不同。创意写作,一度被认为是艺术学位,发展了艺术硕士专业(MFA)课程,而作文教学则建立了修辞学博士学位。因此,范登伯格(2004:8)的报告中说:"随着创意写作将自己定位在反对当时的研究风气,修辞学和作文教育,以及随后的文学研究也开始认同这一认知。"作文教师的注意力主要集中在写作过程和教学方法上,对创意写作也表现出了一定的兴趣。例如,默克斯里出版了《美国创意写作》(1989),据说是"以作文教学为基础的创意写作开创性著作"(范登伯格,2004:9)。毕肖普回应了默克斯里的作文教学对创意写作的影响。她认为:

> 这个领域的知识将重新定义我们对创造力的理解,即"学习、参与和投身于此的自然结果"。默克斯里讨论语言研究和作文研究;他研究了科学方法、大脑半球研究和写作效率。他声称这样做就可能发展出创意写作教学的理论,并且他开始规划资源与方法,用于提升基于理论的教学方式。(1992b:426)

1989年,在《美国创意写作》出版之后,哈克回忆起她曾经的期望,即默克斯里文集的出版单位全国英语教师理事会(NCTE)能够推出一系列关于创意写作教学的文章。这一出版计划并没有实现,但我想如果成形的话,这种对教学法和实践的关注可能会激发人们对这一交叉领域的关注;当然,这样的研究也更会促进创意写作研究的产生。在默克斯里的书之后,是由毕肖普和奥斯特罗姆编写的《各马各色:创意写作理论与教学法的反思》(1994),尤其是奥斯特罗姆的导言与"重新思考、修正与合作"的章节,再次试图在一定程度上为思考创意写作和作文教学之间的交集做出贡献。

范登伯格加入了上述对作文教学与创意写作研究之间重叠空间感兴趣的教师名单,还有大卫·斯塔基在《创造性的写作教学》(1998)中提供的视角。斯塔基认同范登伯格所提出的"多元文化主义"写作教学法,这种写作指导由"教师理论家"建立,这些"教师理论家多年来积极地将曾互相孤立的写作教学领域联结交融起来"(引自范登伯格,2004:9)。然后诗人、作文教师梅耶斯在他的《写作工艺:作文教学、创意写作与英语文学研究的未来》(2005)中建立了一个看起来还比较可信的示例,将作文教学和创意写作的研究领域融合成为"写作研究"(p.114)。这种结合背后的因素之一是需要消解"文学研究在英语研究中的合法中心地位"(梅耶斯,2005:133)。梅耶斯提出,通过"共同努力改变整个学科的基本生态",将使学科基础架构的转变成为可能(2005:133)。他指出,至少"作文教师和创意写作教师必须把他们非常重要的专业差异放在一边,并意识到共同工作……将会使他们比单独工作完成更多"(2005:133)。梅耶斯也为这一结构性变革提供了必要的基础,比起许多其他的调整,他将创意写作与作文教育的整合放在了三个核心的本科课程中:大一作文课、创意写作入门课和文学写作课。

范登伯格(2004:9)告诉我们,"一个领域成熟和稳定的明显标志就是宣称自己的学术话语对另一个领域的影响"。在创意写作(或创意写作研究)和作文教学研究之间的交叉结合运动中,大多数都是由作文教师或作家教师主导的,但他们发现在进入对方的领域和课堂时,都很难转变自己的角色。此外,在诸如《大学写作与传播》(CCC)和《大学英文》(2003年专门出版了一整版的创意写作专栏)等期刊上,关于创意写作教学法及反思该领域受到作文教学写作影响的文章所占的版面越来越多。结合这一方向,再加上自1996年以来大学写作与传播大会上创意写作研讨的兴起,很明显,"作文教学已经宣称与创意写作是关联词"(范登伯格,2004:10),尽管有些作文教师对创意写作的价值不屑一顾,他们表示作文教学与创意写作之间存在研究差异,抱怨创意写作的孤立主义姿态。有些人发牢骚说创意写作在课程中提供的跨学科服务有限,或者如金伯利·安德鲁斯承认的那样:"我们中的一些人对创意写作不屑一顾,总认为它是一贯狭隘的、未经审查的教学法(一些创意写作教师也有同样的批评),或者是缺乏研究的,或者存在一种观点或是成见,认为创意写作在解决作家实际需要的领域中是幼稚的,或是一个东拉西扯,实践散漫的,亟须批判的领域。"(2011:33)对于那些把创意写作视为作文教学研究必然结果的人来说,创意写作教师是否还关注作文教学领域有关创意写作的话语是值得怀疑的,即使他们还在关注,也没有实际行动表明他们对这一学术空间的兴趣。事实上,创意写作在摆脱了作文教学后产生了一条有趣的教学途径,并更多地融入了大学的通识教育课程。在当下创意写作能为市场的创意产业提供更多产品的背景之下,史蒂夫·希利提供了一个更为激进的方式来阐释创意写作与作文教学间的关系。他认为"创意写作最终会代替作文教学,为全国的英文系提供主要的写作实践课程"。他说:"不仅仅是因为学生想创作诗歌和小说,而且是因为他们渴望拥有创造性的技能,而且与传统作文教学中那种僵化的理论先行的思想相比,创意的技能在工作中变得更有价值。"(注释2)

  作为一个涉足这两个领域的人,我赞同创意写作研究和作文教学研究之间界限的模糊。在这一点上,考虑到当今越来越多的教师在学科功能上的交叉,我们很难不考虑教学学科间的重叠属性。就我个人而言,我的高阶课程包括创意写作、修辞和作文,我的写作实践包括小说、学术出版物以及演讲,我的教学方法是由两个学科共同指导的,我的研究方法是将观察与带着质疑精神和教育学学术背景的经验技术相结合。作为在教学方法中共享创意写作和作文实践的践行者之一,我代表了这一集体认同的融合模型,在我所能达到的程度上影响着我的学生、我的同事和我的学术领域。但梅耶斯所主张的结构模型的转变,其决定性的、纲领性的方向和实践超出了我所做的学科交融所能达到的范畴。因此跨学科的合并仍然是抽象的,这些领域依然根深蒂固地停留在它们自己的历史、学术联合、专业组织、实践和项目开发上。

创意写作作家大多对作文教学理论的优势持怀疑态度。里特,兼任作家与创意写作教师及作文教师,指出我们提供的研究生学位结构对创意写作学生来说,是放弃作文教学的一个原因。她断言,创意写作的艺术硕士(MFA)和博士(PhD)项目"通过设计,鼓励作家在学术和智识上成为脱离英语系大陆的孤岛"(2001:209)。作为一个独立的领域,许多创意写作教师对包含理论和教育学的话语是抵触的。里特认为在这些方面缺乏训练可以解释创意写作作家对研究创意写作阅读、写作和教学的方法不感兴趣的原因。作家与写作项目协会(AWP)在教学准备过程中对研究生学术训练的忽视,使这一问题更加严重。如果我们是如朱迪斯·哈里斯所言的所受训练的成果,那么她指出,"将写作技巧放在优先地位能最大限度地体现学生的能力,因此教师也倾向于延续他们自己学习中产生的偏见与偏好",那么无怪于创意写作作家愿意接纳里特所谓的"集体学术身份"。在创意写作领域,我们把自己看成是"作家"和"艺术家",这正是"教师"或"学者"的反面(p.210)。

我们会议之间的区别加强了这种看法。道格拉斯·黑塞(2011:32)指出,在会议的目标听众上,"学术型创意写作和作文教学研究之间"有着明显的差别。"大学作文与传播大会(CCCC)的特点是写作教师们也都是修辞学者、写作者和传媒学者,"他写道,"但作家与写作项目协会(AWP)的特点是,作家们往往是教师,但非常偶然地,会是写作方面的学者。"(p.32)——不过另外提一句,基于目前的课程趣味,作家与写作项目协会于 2012 年起已经增加了教学论坛的数量,所以也许这股浪潮也在让它发生些改变。此外，作文教学的教学训练与创意写作对教学法培训的缺乏，最终会在如何教授学生写作的问题上产生冲突。

作文教学研究作为创意写作研究的学术起源，这一点创意写作作家仍保持怀疑。让我回到默克斯里的论述（1989），他提出了两个优秀的观点：第一，"创意写作与文学、作文的整体分离破坏了文化素养的提升"；第二，"我们对写作专业内部专门化的热情将使我们不断分裂和（进一步）细分、探寻及塑造意义的整合过程"（1989：25）。在这里福柯的空间概念似乎是合理的，他将空间、知识和权力联系起来，而这三者必然是相联系的。他指出："根据每人对自由的感受和社会关系的实践，他们在这样的空间里将发现自身，如果从这样的空间分配中脱离出来的话，个人就变得随意了，同时也变得不可理解了。"（引自克兰普顿与艾尔登，2007：9）

也许目前的创意写作研究与作文教学"空间分配"的影响使我们无法相交，这种"类别分裂"阻碍了我们对彼此的理解。在可行的情况下，"空间性应作为获取更大关注的主要部分出现——作为分析的工具，而不仅是其对象"（引自克兰普顿与艾尔登，2007：9）。如果是这样的话，那么创意写作在其领域内所需的工作便是重新定义写作的空间、权力和知识。数字媒体写作可能会让学科间的关系更加紧密。著名作文教育学者兼教师安德里亚·朗斯福德提醒我们，"我们正处于一场文化革命之中，这是自希腊文明以来前所未有的"（转引自汤普森，2009）。她最近的研究表明，像"推特、脸书及其他社交写作空间"这样的公共空间，正"帮助学生在写作中做出有悟性的、修辞恰当的选择"（转引自汤普森，2009）。当学生们投身于数字媒介时，他们正在"建立……一种写作文化"（凯萨琳·杨斯，引自西塞，2011：45），并可以预期，正如《种子》杂志最近的一篇文章《2013年：大众的出版年》所写的那样（2011：45），创意写作正在向这个方向发展，比如斯坦福大学的本科生项目，它提供了新媒体课程如"数字时代的故事模式"（戴伊等，2011），或者其他一些以有趣的方式使用理论的大学项目（超文本、照片、地图、视频、播客、小视频、博客、维基、音乐），这些都是文本维度、数字形式与在线平台的结合。2011年，出席作家与写作项目协会座谈的一名研究生评论道，"小说已经超生活了"，"所以超文本可以更进一步"（注释3）。这样的联结会推动创意写作研究进入全新而有趣的空间似乎是合理的，然而，就目前而言，直到创意写作研究更接近一个研究领域或一个学术课程实体为止，默克斯里提到的隔离和分裂仍然是创意写作研究和作文教学之间的一个主要的理论壁垒。

（五）创意写作研究的学术起源

正是在这个福柯为自由所保留的空间中，我将对创意写作的学术起源进行探讨。梅耶斯（2009：218）在2008年美国现代语言学协会（MLA）的专题报告以及最近《大学英语》的一篇文章中指出，创意写作研究是"由创意写作的一些问题和内部矛盾引发的，仍是发展中的事业"，因此，它"是一个学术探究和研究的领域"。既然如此，创意写作研究就不是一个新的概念；事实上，毕肖普对创意写作与作文教学交互空间化的讨论，可以说是此概念的先锋。我们在大洋彼岸的创意写作同行——尤其是英国和澳大利亚——从学科项目开发之初就开始与文学批评、研究及学术进行合作，因为他们没有受到美国学科历史限制的束缚。这些大学的创意写作项目与美国的不同之处在于，"这些国家的创意写作没有长久的传统需要'改革',对文学文化的贫瘠化或标准化也没有明显的参与"(道森,2007:83)。英国和澳大利亚都"通过与理论的结合,而不需对理论做出改变,就可以形成自己的学科认同"(道森,2007:83)。但美国正朝着有趣的方向前进,不仅重新定义了自己的学术空间,还重新定义了自己在许多方面的规划和发展选择。

让我们回到福柯的空间概念,将学科看作不受障碍约束的自由空间。福柯还有言:"这就是语言的权力:由空间编就的织物引出了空间,通过一种原初的开放性给予自身空间,再撤销空间并将其带回语言中。"(引自克兰普顿与艾尔登,2007:7)——这样的语言存在于创意写作研究的学术起源中——也即创意写作研究的权力、知识与空间中。这一学术起源使创意写作研究的实践者与学者和他们在作文教学研究及文学研究的同事们并肩而行,鼓励他们在大学校园里的流动性,与创意艺术、商业及传媒学科融合在一起,并延伸到学院之外去探索创意产业的机会,参与社会实习、社区服务和文学普及。在本书中,我讨论了创意写作研究的建立,概述了促进其产生的步骤,并认为其概念空间比其物理空间更为重要。创意写作研究的空间必须认可其在教育学及项目组织上的发言权,并承认它对学术、对专业、对创意经济,尤其是对学生实体是有效的和有意义的。作为一门学科,它必须继续探寻其必要的学术和研究领域,并在公众和制度层面上倡导自己的身份定位。

注释:

1. 在2011年的AWP会议上,我有机会与菲利普·杰勒德聊天,讨论位于威尔明顿的北卡罗来纳大学创意写作项目设施。
2. 这条评论来自2010年12月15日与史蒂夫·希利(Steve Healey)的邮

件交流，以及他对《创意写作的关键问题》(2012c)的贡献。

3. 这是一名研究生（目前正在参加一个基于网络的平台课程）在 2011 年 AWP 会议上发表的一篇评论，题为《在线创意》，AWP 项目对其文章的描述是："互联网的可塑性及其多种可能性。"随着未来的小说会越来越多地受到博客、社交网络和多媒体的影响，作家们试图用基于网络平台的技术及其即时反馈和编辑的创作模式来探究写作的工艺问题。（参见 http：//www.awpwriter.org/conference/2010ConfArchive/2010schedThurs.php）

结论　创意写作研究的合理性

在本书中,我的首要目标是为创意写作研究提供学科的学术合法性。为了达到这一目标,探索学科的历史是很重要的;更具体地说,要理解创意写作实践的基础如何不仅影响到它的教学方法和支撑其实践的理论,而且还影响到它在核心课程中的孤立状态,以及它与学术批评家的二元对立。关于后者,奥斯特罗姆告诉我们,创意写作作家常常觉得自己被低估了。他们"总被伤害",他说,"总觉得要发生点什么事","甚至被'文学'研究的人鄙视,被作文教学研究和文化研究的人质疑"(奥斯特罗姆,1994：XIII)。奥斯特罗姆坚持认为,在英语文学研究这个不甚和谐的大家庭中,创意写作的渺小"只会加剧精英主义、(学科间的)近亲繁殖、相互猜疑和毫无意义的冲突"。

如果想把这个问题说得形象点,就很难不与伊芙·谢尔纳特(1989：11)对创意写作教师的观感相联系,"他们在紧紧抱成一团,让人想起大开荒时被袭击的大篷马车",以及"在英语文学系里,他们就是二等公民"。她说,我们的学生开始接受他们"在英语系的知识分子聚居区找个适当位置",并明白"但愿上天垂怜,他们也不是故意要成为创意写作作家和思考者的"(p. 12)。学者们批评对创意写作的研究,说那些课程是"对伟大文学遗迹的不道德漠视",那些创作过程"往好里说是过于直觉和天真","往坏里说是非理性和无知"(芬扎,2000)。创意写作课堂是"自我放纵、自我暴露的场合","几乎不存在什么学术严谨性"(芬扎,2000)。那些创意写作教师也在抱怨,抱怨花样百出的招聘方式,抱怨那些认为创意写作领域是软弱琐碎的,是逗趣,是反智的,是婆婆妈妈的观点。

创意写作作家和从事文学研究的作家之间的一些怀疑论是建立在学科的定义,学术内部的知识和认知,以及写作和作家的大众形象上的。即使基本原则如"我们写文章还是文章造就我们",都在所有权、权威和实践的问题上争论不休(西科,2000:53)。

在20世纪早期的一段时间,创意写作和文学研究还是并肩前行的,尤其是诗人进入大学,加入了文学批评家的行列,组织了松散的团体,与系统的文学研究作斗争。诗人成为批评家,并在某种程度上以新批评的观点定义了文学研究。甚至是规划了爱荷华大学文学院的诺曼·福斯特,也有意将创意写作和文学批评在他的大学写作课程中结合起来。然而,当保罗·恩格尔放弃爱荷华大学的学术课程,转而专注于工坊教学方法,并将此模式实践至今时,创意写作和文学批评的学科道路就变得不那么一致了。自20世纪60年代以来,"专业的神秘性"促使创意写作教师开始无视文学批评的学科背景,而如梅耶斯所指责的那样,"成为指导作家写作的公务员,而他们教出来的作家则继续授课,并希望获得终身教职和晋升"(转引自林玉玲,2003:163)。林玉玲指出,这导致了"写作与文学批评及学术的分离,以及技术与理论的分离"(p.163)。

工坊模式提供了一种实用的教学范例,但在这一实践中,写作与批评、技术与理论的分离是显而易见的。如前所论,这个有百年历史的工坊模式"基本上没有修改",因为直到最近还没有任何"严格的调查",来"证明它的卓越性"(毕萨罗,2004:296)。作为加入到创意写作研究理论与学术建设的创意写作实践者,可以试图探索出对工坊教学模式的严格评价标准。他们会发现这是一个令人振奋的机遇,使工坊的弹性和容纳性变强,并使其实践综合化。

通过对创意写作历史的理解,即使是我在这里和整个论述中所提到的简短历史,也不难找到导致创意写作在英语研究中逐渐形成孤立地位的路径,也不难找到一些学科间纠纷的演变过程,并注意到一直与文学批评相伴的创意写作作为一门学科,在何时何地与文学批评的实践相分离。在这门学科的历史中,同样需要强调的是一些创意写作教师的自我边缘化。他们拒绝质疑和研究他们的教学法,放弃了支撑他们的课堂规划和实践的理论,并不断复制基本的工坊模式和其他无用的方法。

此外,创意写作中的自我边缘化也与"在面对该领域传统和习俗所固有的传说时,缺乏教师培训和教学改革"(里特与范德史莱斯,2007:Ⅻ)有很大关系。这种传说是阁楼上孤独的作家,是灵感带来的长篇文章,是随意的课堂气氛与聚众交谈,是轻松拿A和又酷又古怪的教师。这亦是创意写作教学的传说,"是系统性的、普遍的,植根于创意写作孤立的学术地位的,它同时给予作家与信奉这一传说的群体以安慰和打击"(里特与范德史莱斯,2007:ⅩⅢ)。创意写作研究更关键的野心之一是培训毕业生做好成为教师的准备。戴维·拉达维奇(1999:110)提出,"即使是传统的博士研究生,进阶的创意写作学位也无法创造就业机会","没有一个创意写作的硕士或博士学位有提供此直接培训的专业性"。我们迫切需要这样的培训,不仅是为了使创意写作的学生能在求职市场上有更好的定位,而且能使新教师更好地适应此领域的要求、研究与探索,并教授以此构建的新技能。这种培训(然后是实践)等同于重大的专业范式转变，因为创意写作作家将会更欢迎对他们领域的探知，并愿意参与他们学科的学术研究，认同新的身份。

只要我们与英语文学研究的学科在认识论研究和教育学方法上仍然存在巨大的差异，我们之间的紧张关系就将继续存在。教师们将会质疑为什么创意写作仍然被笼罩在英语文学专业的阴影之下，以及我们究竟该如何自处。然而，像创意写作研究这样的学科将会探索其领域的教育学和理论，建立它自己的学术地位，确定自己的专业差异标志，培养学生作为后备教师，发展新的课程与教学场所，为学生传授新的技能，这些都可能会弥补许多被认为是霸权的英语系领域中出现的鸿沟。创意写作研究已经超越了对批评的反对，发展了自己的学术和身份。作为一门学科，它也许不能消除部门间的紧张关系，但也还是充满希望的，因为创意写作研究与文学研究和作文教学研究都有部分重叠，这一新兴学科将在重新定义英语文学研究结构的运动中产生更积极的作用。

此外，梅耶斯(2009)考虑到了创意写作在功能失调的英语文学系今后的命运。他指出，如果作文教学研究和文学研究之间存在分歧(例如，作文教学研究加入了独立的写作项目)，那么"创意写作作家可能会被置于不利的位置"，因为他们要"被迫在两个不完美的选项之间做出抉择"(2009：227)。梅耶斯的想法进一步证明了"创意写作研究的重要性——成为当创意写作作家在学术界面临棘手问题或艰难选择的时候，能为他们提供智识工具的研究领域"(2009：227)。

作为一门独立的学术科目，创意写作研究对批评理论进行了调和、包容与识别。它通过对工坊模式和该学科主要教学理论的质询和研究，对本书中提到的传统实践提出挑战，从而确定并调和批评理论。创意写作研究从作文教学研究和文学研究中汲取认识论,在创意写作课堂和写作工坊中应用、修正并发展学科特有的评论写作和阅读实践,将批评理论纳入进来。在创意写作研究实践者的视野中,作家和学科将立于更广阔的理论基础之上,其必要性的一部分就是对现有实践的不断质疑和挑战,因此相比于十年前,我们对创意写作研究的学科接受度更高。由于这门学科的目标是更多样化的知识体系,它也将重新思考其标志性的教学法、主导的教学策略及其理论和学术视域,从而变得更加宽广、灵活、协作、充实和独立。随着创意写作研究作为一个研究领域和学术课程实体的地位越来越高,它将很快受到应有的关注。与此同时,创意写作研究将使学院、专业及不同学生群体获益更多。

参考文献

[1] 亚布拉姆斯.镜与灯[M].伦敦：牛津大学出版社,1953.
[2] 亚当斯.美国高校专业写作指导史[M].达拉斯：南方卫理公大学出版社,1953.
[3] 阿尔德里奇.新兴流水线小说[J].美国学者,1990,59：17-38.
[4] 安德森.读者反应理论在文学导论课程中的应用[J].高校文学,1991(6)：41-145.
[5] 作家与写作项目协会 2010 年写作项目指导[EB/OL].http://guide.awpwriter.org/.
[6] 巴尔.新世纪美国诗学[J].诗学,2006,188：433-441.
[7] 贝恩.诗歌实践：诗人教师的写作练习[M].纽约：哈珀柯林斯出版社,1992.
[8] 柏林.当代作文的主要教学方法[J].大学英语,1982,44：765-777.
[9] 柏林.修辞与现实[M].卡本代尔：南伊利诺伊斯大学出版社,1987.
[10] 柏林.美国高校写作指导 1900—1985[M].卡本代尔：南伊利诺斯大学出版社,1987.
[11] 伯奈斯,潘特.会怎么样：小说家的写作练习[M].纽约：哈珀柯林斯出版社,1995.
[12] 毕肖普.释放语言的能量：创意写作教学的选择[M].乌尔班纳：全国英语教师委员会.
[13] 毕肖普.在同一艘船上[J/OL].作家与写作项目协会年刊(3—

4）．http：//elink. awpwriter. org/m/awpChron/articles/wbishop01. lasso．

[14] 毕肖普．美国创意写作的革命［M/OL］．（1992）．http：//www. jacweb. org/Archived_volumes/Text_articles/V10_12_Rev_Bishop. htm．

[15] 毕肖普．跨越界线．创意作文与创意写作［M］//毕肖普，奥斯特罗姆．各马各色：创意写作理论与教学法的反思，乌尔班纳：全国英语教师理事会，1994：181-197．

[16] 毕肖普，奥斯特罗姆．各马各色：创意写作理论与教学法的反思［M］．乌尔班纳：全国英语教师理事会，1994．

[17] 毕肖普，斯塔奇．创意写作关键词［M］．洛根：犹他州立大学出版社，2006．

[18] 毕萨罗．学生诗歌反馈［M］．乌尔班纳：全国英语教师理事会，1993．

[19] 毕萨罗．阅读创意写作课堂：教师的多重自我［M］//毕肖普，奥斯特罗姆．各马各色，乌尔班纳：全国英语教师理事会，1994：234-247．

[20] 毕萨罗．我能否从事诗歌及散文创作——兼及创意写作教学谈［J］．大学写作与传播，1998，49（2）：285-297．

[21] 毕萨罗．英语文学研究的回顾与反思：作为特例的创意写作［J］．大学英语，2004，66（3）：294-309．

[22] 毕萨罗，麦克拉纳罕．给无形插上翅膀：声音、作者和真实的自我［M］//里特，范德史莱斯．何以教授，朴次茅斯：博因顿库克出版社，2007：77-90．

[23] 毕塞尔．认知、惯例与确定性：关于写作的必要知识［J］．修辞史月刊，1982，3：213-243．

[24] 布莱．在作家工坊之外［M］．纽约：铁锚书系，2001．

[25] 布莱斯，斯威特．新写作社区：创意写作课堂新模式［J］．教育学，2008，8（2）：305-325．

[26] 波登. 创意思维: 神话与机制[M]. 伦敦: 劳特利奇出版社, 2004.

[27] 伯特利. 学院派创意写作[J]. 南部大学学刊, 2007, 115(1): Ⅲ-Ⅴ.

[28] 布雷彻. 作者疗愈[M]. 卡本代尔: 南伊利诺伊斯大学出版社, 1999.

[29] 布鲁克. 拉康移情论及创作指导[J]. 大学英语, 1987, 49(6): 679–691.

[30] 布鲁克斯. 现代诗歌与传统[M]. 北卡罗来纳: 北卡罗来纳大学出版社, 1979.

[31] 布鲁克斯, 沃伦. 理解诗歌[M]. 纽约: 亨利·霍尔特出版社, 1938.

[32] 布鲁克斯, 沃伦. 小说鉴赏(第三版)[M]. 新泽西: 普伦蒂斯霍尔出版公司, 1979.

[33] 布洛维. 驯服当代[J/OL]. 文字, 2000, 4(1). http://www.textjournal.com.au/april00/brophy.htm.

[34] 布鲁菲. 协作学习与"人类对话"[J]. 大学英语, 1984, 46(7): 635–652.

[35] 布伦斯, 布莱恩. 电子创意写作教学: 来自创意产业前沿的报告[EB/OL]. http://snurb.info/files/31_03_03%20Teaching%20Electronic%20Creative%20Writing.pdf.

[36] 巴德曼. 来自梦想之地: 罗伯特·奥伦·巴特勒访谈[M/OL]. http://webdelsol.com/literary_Dialogues/interview_wds_butler.htm.

[37] 布利斯. 全国艺术基金会的报告显示, 美国人阅读技能的急剧下降将对社会产生严重的长期负面影响[J/OL]. AWP作家年刊, 2008, 40(40). http://www.awpwriter.org/pdf/mburriesci01.pdf.

[38] 伯罗威. 想象力写作: 工艺要素[M]. 纽约: 朗文出版社, 2010(第三版).

[39] 凯恩."一个彻底开放的空间":对创意写作工坊的重新审视[M]//唐纳利.写作工坊依旧有效吗?.布里斯托尔:语言和文化研究出版社,2010:216-229.

[40] 凯恩.新批评的制度化[J].现代语言札记,比较文学,1982,97(5):1101-1120.

[41] 凯恩.批评的危机[M].巴蒂摩尔:约翰霍普金斯大学出版社,1984.

[42] 坎迪.基于实践的研究:指南,创意和认知工作室[EB/OL].http://www.creativityandcognition.com.

[43] 坎特雷尔.什么在困扰教学与评价?[M]//莱希.创意写作课堂中的权力与身份,克利夫登:语言与文化研究出版社,2005:65-76.

[44] 卡里,韦伯,布莱恩.政策过剩:对澳大利亚创意研究高学位的考察[J/OL].创新性与不确定性论文集,AAWP,2008. http://www.aawp.org.au/files/CareyWebBbrien.pdf.

[45] 卡尔森.网络一代进大学[J/OL].高等教育年报,2005(10). http://chronicle.com/free/v52/i07/07a03401.html.

[46] 卡尔.谷歌让我们变傻了吗?[J/OL].大西洋双月刊2008(7-8),http://www.theatlantic.com/doc/200807/google.

[47] 希亚巴利塔.工坊:感性的革命[J/OL].诗人与作家,2005(1-2),http://www.pw.org.

[48] 希亚迪.诗词达意[M].剑桥:河岸出版社,1959.

[49] 克拉克.实践性学习:论创意写作与英国文学课程[J/OL].作家年刊,1999(9). http://elink.awpwriter.org/m/awpChron/articles/kclark01.lasso.

[50] 克拉克.被天使抚摸过[M]//华盛顿邮报图书世界,2003.

[51] 克劳森.再读一遍[J].评论,1997,103(2):54-57.

[52] 科尔.大学工坊是如何阻碍新作家参与创意的(以及该怎么做)[J/OL].赛格威在线文学月刊,2007,1(13),http://www.mid.

muohio. edu/segue.

[53] 库克.作为研究方法的创意写作[M]//格里芬.英国文学研究方法论,爱丁堡:爱丁堡出版社,2005.

[54] 库克,等.掌握技巧——创意写作作家报告[M]//默克斯里.美国创意写作,乌尔班纳:全国英语教师理事会,1989:247-260.

[55] 库利.文学遗产及其批判性转型:公共城市大学创意写作教学[J].教学,2003,3(1):99-103.

[56] 克兰普顿,艾尔登.空间、知识与权力:福柯地理学导论[M]//克兰普顿,艾尔登.空间、知识与权力:福柯地理学,威利斯顿:阿什盖特出版公司,2007.

[57] 克劳,奥尼尔.关于变化的警示故事[M]//克劳,奥尼尔,波顿.梦想的领域:独立写作课程与作文研究的未来,罗根:犹他州立大学出版社,2002:1-18.

[58] 戴维森,弗雷泽.诗歌[M]//哈珀.创意写作教学,伦敦:肯提纽姆出版社,2006:21-33.

[59] 戴维斯,沃马克.形式主义批评与读者反应理论[M].纽约:帕尔格雷夫出版社,2002.

[60] 道森.创意写作与新人文主义[M].牛津:劳特利奇出版社,2005.

[61] 道森.创意写作的未来[M]//恩肖.创意写作手册,爱丁堡:爱丁堡大学出版社,2007:78-90.

[62] 戴伊,莱希,范德史莱斯.我们接下来要做什么:关于创意写作教学法的对话[J/OL].小说作家评论,2011(2).http://fictionwritersreview. com/essays/where_are_we_going_next_a_conversation_about_creative_writing_pedagogypt1.

[63] 德莱尼.伟大作家的诞生之地[J].大西洋月刊(小说版),2007(8).http://www. theatlantic. com/doc/200708/edward_delaney_mfa.

[64] 德尔班科.最真诚的形式:小说摹仿论[M].纽约:麦格劳希尔

出版集团,2004.

[65] 德勒汀内尔.过界[J].大学英语,1992,54(7):809-817.

[66] 多米纳.我的作品不只是一个隐喻[M]//毕肖普,奥斯特罗姆.各马各色,乌尔班纳:全国英语教师理事会,1994:27-34.

[67] 唐纳利.写作工坊依旧有效吗?[M].布里斯托尔:语言与文化研究出版社,2010.

[68] 唐纳利.创意写作与作文:重写边界[M]//卡尔亨,库克.作家——教师的自我塑造:与温蒂·毕肖普一起开始,纽约:汉普顿出版公司,2011:105-115.

[69] 伊格尔顿.20世纪西方文学理论[M].明尼阿波利市:明尼苏达大学出版社,1983.

[70] 恩肖.作为艺术家的作家[M]//恩肖.创意写作手册,爱丁堡:爱丁堡大学出版社,2007:65.

[71] 艾德,朗斯福德.受众定位与受众唤起:受众在作文理论和教育学中的作用[J].大学写作与传播,1984,35:155-173.

[72] 艾略特.明暗交界中的教育学:小说工坊中的教学、写作和女权主义[M]//毕肖普,奥斯特罗姆.各马各色,乌尔班纳:全国英语教师理事会,1994:100-130.

[73] 芬扎.创意写作的不满[J/OL].作家年刊,2000(3-4). http://www.awpwriter.org/magazine/writers/fenza01.htm.

[74] 费什.课堂上有文本存在吗?[M].坎布里奇:哈佛大学出版社,2005.

[75] 福柯.真理与权力[M]//戈登.权力与知识:访谈精选及其他1972-1977,纽约:万神殿出版社,1980.

[76] 弗雷德里曼.世界是平的:一部二十一世纪简史[M].纽约:法拉斯特劳斯吉鲁出版社,2005.

[77] 福尔克森.八十年代理论:价值共识与多样性聚合[J].大学写作与传播,1990,41(4):409-429.

[78] 加莱夫.单词·话语·语言[M]//赫尔曼.未竟之志:新世代与

新学术,奥尔巴尼:纽约州立大学出版社,2000:161-174.

[79] 加伯,拉姆热迪.关于创意写作教学思考的对谈[M]//毕肖普,奥斯特罗姆.各马各色,乌尔班纳:全国英语教师理事会,1994:8-26.

[80] 加勒特.创意写作项目的未来[M]//默克斯里.美国创意写作:理论与教学,乌尔班纳:全国英语教师理事会,1989:47-61.

[81] 吉.学习与识字中的必备游戏教学[M].纽约:帕尔格雷夫出版社,2003.

[82] 吉尔曼.黄色墙纸[M]//卡塞尔,鲍什.诺顿短篇小说集(第六版),纽约:诺顿公司,2000:675-687.

[83] 乔亚.诗歌可以重要吗?[J].大西洋学刊,1991(276):94-106.

[84] 格拉夫.文学专业的学院制度史[M].芝加哥:芝加哥大学出版社,1987.

[85] 格拉夫.冲突教学法及学生体验[J].大学写作与传播,1995,46(2):276-279.

[86] 格林.物化的崇高读者:创意写作工坊中的文化研究、读者反应和社区服务[J].大学英语,2001,64(2):153-174.

[87] 格兰姆斯.工坊与写作生涯[M]//格兰姆斯.工坊:爱荷华写作工坊的七十年,纽约:亥伯龙出版社,1999:1-15.

[88] 格罗斯.小小世界:工坊制的作用机制及作用时间[M]//唐纳利.写作工坊依旧有效吗?,布里斯托尔:语言和文化研究出版社,2010:52-62.

[89] 加丁.由小到大:创意写作兴起之后的唯我主义历史与主流诗学经验[J/OL].闪点杂志,1999(夏季3).http://www.Flashpointmag.com/guddin_1.htm.

[90] 格瓦拉.走出烟灰缸:复兴创意写作课堂[J/OL].AWP,1998.http://elink.awpwriter.org/m/awpChron/articles/mguevara01.lasso.

[91] 哈克,毕肖普.以恰当的方式教授创意写作[M]//奥斯特罗姆.各

马各色：创意写作理论与教学法的反思，乌尔班纳：全国英语教师理事会，1994：77-99.

[92] 哈克.我们的声音妨碍了什么：女权主义与创意写作研究[M].乌尔班纳：全国英语教师理事会，2000.

[93] 哈克.拒绝权威：教授未知[M]//莱希.创意写作课堂中的权力与身份.克利夫登：语言与文化研究出版社，2005：98-105.

[94] 哈克.反对阅读[M]//里特，范德史莱斯，编.何以教授，朴次茅斯：博因顿库克出版社，2007：14-27.

[95] 哈克.工坊的重新构想：混合课堂与混合文本[M]//唐纳利.写作工坊依旧有效吗？，布里斯托尔：语言和文化研究出版社，2010：182-193.

[96] 霍尔.诗歌与野心[M]//肯庸评论(新系)1998,5(4)：90-104.

[97] 哈珀.绪论[M]//哈珀.创意写作教学，伦敦：肯提纽姆出版社，2006：1-7.

[98] 哈珀.创意写作：以实践为主导的研究[J].视觉艺术实践杂志，2008,7(2)：161-171.

[99] 哈珀.前言：经验谈[M]//唐纳利.写作工坊依旧有效吗？，布里斯托尔：语言和文化研究出版社，2010：XV-XX.

[100] 哈里斯.重写主题：精神分析法在创意写作及作文教学中的应用[J].大学英语，2001,64(2)：175-204.

[101] 希利.创意写作的兴起与创造力的新价值[J].作家年刊，2009,41(4)：30-39.

[102] 艾克，巴纳甘.实践、研究与幻肢症[J/OL].TEXT,2010,14(1). http://www.textjournal.com.cn/april10/hecq_banagan_rev.Atm.

[103] 亨佩尔.在艾尔乔森埋葬的地方[M]//卡塞尔，鲍什.诺顿短篇小说集(第七版)，纽约：诺顿公司，1985：666-672.

[104] 海瑟.创意写作在作文研究中的位置[J].大学写作与传播，2011,62(1)：31-52.

[105] 豪沃斯.创意写作与席勒美育[J].美学教育杂志,2007,41(3):41-58.

[106] 雨果.引爆小镇:关于写作与诗歌的讲座及散文[M].纽约:诺顿公司,1979.

[107] 欧文.我觉得还好:大学作文课上的工坊模式存在的问题[M]//唐纳利.写作工坊依旧有效吗?.布里斯托尔:语言和文化研究出版社,2010:130-145.

[108] 伊瑟尔.隐含的读者[M].巴的摩尔:约翰霍普金斯大学出版社,1974.

[109] 伊瑟尔.阅读活动:审美响应论[M].巴的摩尔:约翰霍普金斯大学出版社,1978.

[110] 伊瑟尔.现象学方法在阅读过程中的应用[M]//约翰霍普金斯大学.读者反应批评:从形式主义到后结构主义.巴的摩尔:约翰霍普金斯大学出版社,1980:50-69.

[111] 克劳斯.写作去哪儿了?千禧年末的澳大利亚创意写作项目[J/OL].文字,2000,4(1).http://www.textjournal.com.au/april00/krauth.htm.

[112] 克罗尔.释经学与温和的读者/作者[J/OL].TEXT,2004(特别刊3).http://www.textjournalcom.au/speciss/issue3/kroll.htm.

[113] 克罗尔.创造性实践和/或/作为研究:概述[C/OL].尼夫,布莱恩.创造性与不确定性论文:澳大利亚写作项目协会第十三届会议论文集,2008:1-13.http://aawp.org.aucreativity_and_uncertainty_papers.

[114] 克罗尔.作为实践导向教练和训练员的指导教师:带领创意写作博士研究生跨过终点线[M/OL]//布莱恩,威廉姆逊.特刊:走向指导创意艺术研究高学位的最佳实践(第6册),2009:1-20.http://www.aawp.org.au/files/kroll.pdf.

[115] 库尔.个人疗愈写作与文学写作之辨[M]//莱希,编.创意写作课堂中的权力与身份,克利夫登:语言与文化研究出版社,

2005：3-12.

[116] 拉康.拉康选集[M].巴黎：伊瑟出版社,1966.

[117] 拉德纳.作文写作与创意写作边界之界定[J].大学写作与传播，1999,51(2)：72-77.

[118] 莱希.创意写作课堂中的权力与身份：项目中的权威问题,克利夫登：语言与文化研究出版社,2005.

[119] 莱希.创造力、治愈力还是轻松好成绩：重新思考自尊在创意写作教学中的角色[M]//里特,范德史莱斯.何以教授：拒绝传说的创意写作教学,朴次茅斯：博因顿库克出版社,2007：55-66.

[120] 莱希.作为创造活动的教学：为何工坊在创意写作中有效[M]//唐纳利.写作工坊依旧有效吗？,布里斯托尔：语言和文化研究出版社,2010：63-77.

[121] 莱文.真正的麻烦[M]//学者,1993：43-45.

[122] 莱特.在高等教育中构思创意写作,澳大利亚国家写作教育机构(NAWE),1999.http://www.nawe.co.uk/archive.

[123] 利姆.创意写作的陌生化：对制度的质疑[J].教育学,2003(3)：151-169.

[124] 林玉玲.小议批评理论[J].大学英语,1990,15(3)：258-267.

[125] 马诺里斯.社区写作：创意写作服务学习[M]//莱希.创意写作课堂中的权力与身份,克利夫登：语言与文化研究出版社,2005：141-151.

[126] 梅耶斯.写作工艺[M].匹兹堡：匹兹堡大学出版社,2005.

[127] 梅耶斯.描绘未来[M]//里特,范德史莱斯.何以教授：拒绝传说的创意写作教学,朴次茅斯：博因顿库克出版社,2007：1-13.

[128] 梅耶斯.一词之差：从创意写作到创意写作研究[J].大学英语,2009,71(3)：217-228.

[129] 梅耶斯.诗歌、小说与戏剧：写作工坊受众的复杂动态[M]//唐

纳利.写作工坊依旧有效吗?,布里斯托尔:语言和文化研究出版社,2010:94-104.

[130] 麦克格尔.理解爱荷华:从学士到艺术硕士的弗兰纳里·奥康纳[J].美国文学史,2007,19(2):527-545.

[131] 默恩斯.创意的力量[M].园城市:道布尔迪出版社,1935.

[132] 米罕.本月研究(四月)[J/OL].澳大利亚迪肯大学艺术与教育学院研究,2010. http://www.deakin.eduau/arts_ed/research/profile/meehan.php.

[133] 梅南.展示还是讲述:应该教授创意写作吗?[J/OL].纽约客,2009-06-08,http://www.newyorker.com/arts/critics/atlarge/2009/06/08/090608crat_atlarge_menand.

[134] 米勒.重塑写作课堂:创造与作文的结合[M]//莱希.创意写作课堂中的权力与身份,克利夫登:语言与文化研究出版社,2005:39-48.

[135] 米诺克.走向后现代模仿教育学[J/OL]. JAC,1995,15(3),http://www.jacweb.org/Archived_volumes/Text_articles/V_15_13_Minock.htm.

[136] 米诺特.创意写作:从学生的动机出发[J].大学写作与传播,1976,27(4):392-394.

[137] 默克斯里.推倒壁垒:激发想象力[M]//默克斯里.美国创意写作:理论与教学,乌尔班纳:全国英语教师理事会,1989:25-45.

[138] 默克斯里.后记:学科性与创意写作研究的未来[M]//唐纳利.写作工坊依旧有效吗?,布里斯托尔:语言和文化研究出版社,2010:230-238.

[139] 默艾克.公共思维,公共情感:创意写作的研究工具[J/OL].文字,2010,14(1). http://www.textjournal.com.au/april10/muecke.htm.

[140] 墨菲.基础写作课堂中的移情与抗拒:问题与实践[J].大学写

作与传播,1989,40(2):175-187.

[141] 默里.写作的反习得[M]//默克斯里.美国创意写作:理论与教学,乌尔班纳:全国英语教师理事会,1989:103-113.

[142] 迈尔斯.创意写作的历史教训,作家与写作项目协会年刊,1994,26(1).http://wwwawpwriter.org/login/m/awpchron/articles/dgmyers01.lasso.

[143] 迈尔斯.大象教学:1880年以来的创意写作[M].芝加哥:芝加哥大学出版社,1996.

[144] 澳大利亚国家写作教育机构.创意写作课题基准陈述[S/OL].2008.http://www.nawe.co.UK/writing_in_education/writing_at_university/research.html.

[145] 诺斯.作文教学中的知识制造[M].上蒙特克莱尔,新泽西:博因顿库克出版社,1987.

[146] 奥布莱恩.士兵的负重[M]//卡塞尔,鲍什.诺顿短篇小说集(第七版),纽约:诺顿公司,2007:1188-1200.

[147] 奥代尔.明星、任期与野心的消亡[M]//赫尔曼.未竟之志:新世代与新学术,奥尔巴尼:纽约州立大学出版社,2000:45-61.

[148] 昂格.作家的读者总是虚构的[J].美国现代语言学协会会刊,1975,90:9-21.

[149] 奥斯特罗姆.绪论:萝卜与影子,理论与教学[M]//毕肖普,奥斯特罗姆.各马各色:创意写作理论与教学法的反思.乌尔班纳:全国英语教师理事会,1994:XI-XXII.

[150] 帕克.受众的意义[J].大学英语,1982,44(3):247-257.

[151] 佩洛夫.创意写作在学科中[J].现代语言协会通讯(会长专栏),2006,38(1):3-4.

[152] 佩里.非语言与语言:拓展以实践为主导的创意写作研究意识[C/OL]//尼夫,布莱恩.创造性与不确定性论文:澳大利亚写作项目协会第十三届会议论文集,2008:1-11.http://www.aawp.org.au/files/Perry_2008.pdf.

[153] 佩里.潜在的危险:写作工坊中的漏洞和风险[M]//唐纳利.写作工坊依旧有效吗?,布里斯托尔:语言和文化研究出版社,2010:117-129.

[154] 平克.MFA是新的MBA[J].哈佛商业评论,2004,82(2):21-22.

[155] 波尔金霍恩.叙事认知与人文科学[M].纽约:纽约州立大学出版社,1988.

[156] 弗兰纳里·奥康纳与新批评:对马克·麦克格尔的回应[J].美国文学史,2007,19(2):546-556.

[157] 波特,沙利文.重绘课程地理[J/OL].商业与技术交流杂志,1993:389-422.http://jbt.sagepub.com/cgi/content/refs/7/4/389.

[158] 普拉特.交会区的艺术[M/OL].巴托洛梅,佩特罗斯基.阅读方法(第五版).2009.http://www.nwe.ufledu/stripp/2504/pratt.html.

[159] 普洛斯.像作家一样阅读[M].纽约:哈珀柯林斯出版社,2006.

[160] 拉达维奇.高等院校中的创意写作[J].学术杂志,1999:110-112.

[161] 兰瑟姆.新批评[M].韦斯特波特:格林伍德出版社,1979.

[162] 赖利.艺术"知识"的另一种模式[G/OL].艺术设计工作论文集,2002(2).http://sitem.herts.ac.uk/artcles_research/paper/wpades/vol2/reiuyfull.html.

[163] 雷维尔.关注的艺术:诗人之眼[M].圣保罗:格雷沃夫出版社,2007.

[164] 里特.专业作家与创作学者:写作博士课程教师培训的改革与创新[J].大学英语,2001,64(2):205-227.

[165] 里特,范德史莱斯.教学传说:创意写作作家与高等院校[J].学术杂志,2005:102-112.

[166] 里特,范德史莱斯.绪论:创意写作与它顽固的传说[M]//里

特,范德史莱斯.何以教授:拒绝传说的创意写作教学,朴次茅斯:博因顿库克出版社,2007:Ⅺ-ⅩⅩ.

[167] 罗.大师班介绍[M]//唐纳利.写作工坊依旧有效吗?,布里斯托尔:语言和文化研究出版社,2010:194-205.

[168] 罗耶,吉尔斯.学术性专业创意写作学科的起源[M]//克劳,奥尼尔,波顿.梦想的领域:独立写作课程与作文研究的未来,罗根:犹他州立大学出版社,2002:21-37.

[169] 罗伊斯特.灵感、创造力与危机:作家的浪漫神话与当代课堂的相遇[M]//莱希.创意写作课堂中的权力与身份,克利夫登:语言与文化研究出版社,2005.

[170] 罗伊斯特.个人/社会冲突对创意写作教学的介入[M]//唐纳利.写作工坊依旧有效吗?,布里斯托尔:语言和文化研究出版社,2010:105-116.

[171] 斯克里夫纳.艺术与设计博士项目创意实践与行为反思[G/OL].艺术设计工作论文集,2000(1).http://sitem.herts.ac.uk/artcles_research/papers/wpades/vol1/scrirener1.html.

[172] 谢尔纳特.成员笔记:孤立的创意写作项目[M]//默克斯里.美国创意写作,乌尔班纳:全国英语教师理事会,1989:3-24.

[173] 舒尔曼.未确定的教学法[J/OL].语文教育,2005(春季),http://www.aacu.org/liberaleducation/le_sp05/le_sp05feature2.cfm.

[174] 舒尔曼.专业的标志性教学法[J].美国文理学会会刊,2005,134(3):52-59.

[175] 西格尔.美国作家与高校[M].纽瓦克市:特拉华州州立大学出版社,1989.

[176] 史密斯,迪恩.绪论:实践导向研究与研究导向实践:迈入互动循环网络[M]//史密斯,迪恩.创意艺术中的实践导向研究与研究导向实践(艺术人文学科的研究途径),爱丁堡:爱丁堡大学出版社,2009:1-38.

[177] 斯诺德格拉斯.导师、预言者与摧残者[M]//达纳.作家社区:

保罗·恩格尔和爱荷华作家工坊.爱荷华:爱荷华大学出版社,1994:119-146.

[178] 萨默斯.学生作家与经验作家策略修订[J].英语语言艺术通讯,1980,20(冬/夏).

[179] 斯塔基.创造性的写作教学[M].朴次茅斯:博因顿库克出版社,1998.

[180] 斯塔基,希利."更好的教学时间":与安提奥赫大学艺术硕士关于教育学的对话[M]//里特,范德史莱斯.何以教授:拒绝传说的创意写作教学,朴次茅斯:博因顿库克出版社,2007:38-45.

[181] 斯托尔.再谈文学与生活[J].美国现代语言学会会刊,1932(37):296-297.

[182] 斯万德,莱希,坎特雷尔.创意理论与创意写作教学法[M]//恩肖.创意写作手册,爱丁堡:爱丁堡大学出版社,2007:11-36.

[183] 塞克斯,米森,伍兹.教师的事业、危机和持续性[M].伦敦:法尔默出版社,1985.

[184] 塔特.什么是创意写作?[J].威斯康星当代文学研究,1964,5(3):181-184.

[185] 塔图姆."未名之物":创意写作在英语文学系的终结[J/OL].英语文学专业协会(ADE)通讯,1993(106):30-34. http://web2.ade.org/ade/bulletin/n106/106030.htm.

[186] 汤普森.克莱夫·汤普森谈新素养[J].连线杂志,2009(17.09). http://www.wired.com/techbiz/people/magazine/17-09/st_thompson.

[187] 托尔斯泰,伊万.里奇之死[M]//卡塞尔,鲍什.诺顿短篇小说集(第七版),纽约:诺顿公司,1986:1452-1491.

[188] 托宾.阅读学生,阅读自己:教师在写作课上的角色转变[J].大学英语,1991(53):333-348.

[189] 托宾.阅读学生作品:忏悔、沉思与咆哮[M].朴次茅斯:博因

[190] 汤普金斯.历史上的读者：文学反应的变化形态[M]//汤普金斯.读者反应批评：从形式主义到后结构主义.巴的摩尔：约翰霍普金斯大学出版社,1980：201-223.

[191] 蒂姆波尔.合作学习的共识与差异[J].大学英语,1989,51(6)：602-616.

[192] 泰勒.被束缚的一代[J/OL].HR magazine,2007(53).http://www.shrm.org/hrmagazine/articles/0507/0507cover.asp.

[193] 范登伯格.美国大学的综合写作课程：创意写作走向何方？[J].新写作：国际创意写作实践与理论期刊,2004,1(1)：6-13.

[194] 范德史莱斯.工坊[M]//哈珀.创意写作教学.伦敦：肯提纽姆出版社,2006：147-157.

[195] 范德史莱斯.再谈工坊：一个及时抓住的迷思[M]//唐纳利.写作工坊依旧有效吗？.布里斯托尔：语言和文化研究出版社,2010：30-35.

[196] 万德尔.作者未死,只是在别处：创意写作再构想[M].恒德米尔斯：帕尔格雷夫出版社,2008.

[197] 韦斯.关于诗歌、教学与任性的个人观点[M]//西格尔.美国作家与高校[M].纽瓦克市：特拉华州州立大学出版社,1989：149-176.

[198] 韦尔奇.修改作家的身份：在作文课上阅读和"重塑"[J].大学写作与传播,1996,47(1)：41-61.

[199] 威尔伯斯.爱荷华作家工坊：源来,兴起与成长[M].爱荷华市：爱荷华大学出版社,1980.

致　谢

作为作家,我们把世界当作文本阅读;作为写作教师,我们与学生分享自己日复一日的写作经验,希望并鼓励他们成为作家。作为作家型学者和研究人员,我们希望通过构建显著的学科特色,实施能够给我们的创意写作学生传授新技巧、兼备理论性与实践性的课程设计,使学校、专业和学生群体都获益良多。作为作家、写作教师、作家型学者以及研究者,感谢各位同仁的影响、合作与鼓励,我们可以将更广泛的讨论置于作为学术科目的创意写作之中。鉴于此,我对以下学者表示衷心感谢:

感谢格雷姆·哈珀和安娜·罗德里克的指导与信任,这本书将融合指导创意写作教学与研究的《新写作观点》系列丛书中许多同仁的观念。感谢他们这些优秀员工对细节的关注和与我们的亲切的交流。

感谢参与我 2010 年工坊调查的教师们,感谢更多的与我有邮件往来的人们。创意写作的持续发展,部分归功于他们的加入。我还想要特别感谢兰道尔·阿尔波斯、南希·麦卡比、卡尔·埃尔德、丽莎·罗尼、托尼·格拉罕、琳达·斯巴、彼得·哈里斯、马丁·考克罗夫特、格兰特·马修·杰金斯、马克·沃伦斯、莫妮卡·柏林、隆纳·杰克逊、盖琳·佩里、罗伯特·鲍斯威尔、凯斯·库玛辛·阿伯特、简·希尔贝利、珍妮特·麦凯恩、华勒里·马丁内斯、朱迪斯·布劳梅尔、凯伦·霍姆伯格、狄安娜·科恩·卢德文、莱克斯·朗西曼、朱丽特·戴维斯、唐纳德·普拉特、李斯特·罗斯·斯巴、麦凯尔·麦布里奇、苏珊·卡罗尔·豪瑟、约翰·美尔迪斯·希尔、盖里·霍金斯、莫里斯·曼宁、莱斯利·安德里恩尼·米勒、B. W. 乔金森、丽莎·路易斯、T. R. 布什奈尔、托姆·布鲁斯、爱丽埃尔·格林伯格和阿里森·卡明斯。感谢史蒂芬·塔图姆与我的邮件往来，以及菲利普·杰拉德在 2011 年作家与写作项目协会会议上特地抽出时间与我讨论。

感谢国内、国际工坊上的写作教师、作家型学者和研究人员，他们通过学术研究和小组座谈持续向创意写作领域添加新知识。

感谢我的朋友和同事琼·默克斯里和帕特里克·毕萨罗，他们为我的工作开辟道路，提供了真知灼见，让我的作品更加完善。

感谢我的同事丽塔·克丽丝、约翰·弗莱明、亨特·霍金斯。

感谢持续激励我们写作团体并且重新划分写作空间范围的学生。

感谢我的孩子基思·甘农和茱莉亚·佩琪，他们两个都是极优秀的孩子，是我灵感与勇气的源泉。

感谢我的家庭与朋友，尤其是克里斯·唐纳利（母亲）和卡伦·斯蒂尔（姐姐），他们是我离不开的家人与朋友。

译后记

许道军

这本书的翻译与出版牵涉到很多人,持续了很多年,当然也经历了很多事。

在初创上海大学创意写作学科的那几年,我们四处搜集资料,包括调研英语国家开设有创意写作学科和课程的大学、工坊的官方网页,在亚马逊上购买相关书籍,委托海外朋友搜罗前沿材料等。入职的头几年,文学院还在 A 楼,办公条件很差,我"借住"在上海大学海派中心办公室坐班。办公室靠窗有两张办公桌,一张归海派中心秘书使用,一张归葛红兵教授使用。葛红兵教授不在的时候,我就坐在那里。我身后是一面糊了白纸又遭涂鸦的墙,墙下立了一块报废的白板,白板上留有几个大字:"血战到底。"大字下面有一些小字,大约能看出"乡土文学""乡村""救亡"等字样,估计是现当代文学教师上课使用所致。这四个大字很拉风,每次有人来访或参观,都要对它评价一番。他们倾向于认为是我们创意写作学科教师的"明志",并且喜闻乐见,因为"创意写作"等于"文学写作","文学写作"等于"作家","作家"等于稀奇古怪、各种可能。白板旁边还有一个打印机,有烧煳的痕迹。我来的时候就这样,虽然不知道它为什么煳了(煳了也不是我的责任),但是我的确有过"烧煳"的经历。有一次我准备集中打印美国高校网页资料,大约有七十多家,打印三分之一的时候,忽然感觉打印机像火炭一样烫手,空气中有煳味,赶紧停止打印,但打印机还是坏了。

可见那个时候与创意写作相关的资料何等匮乏。当我在亚马逊上找到这本书的时候,何其激动。一是这本书回顾了创意写作的学术研究历程,并集中探讨了创意写作工坊的机制;二是它第一次明确将创意写作当作"学术科目",并尝试用规范的、可辨识的学术方法去研究它,力争为创意写作争得一定的、应有的学术地位;三是作者黛安娜·唐纳利博士在回顾创意写作在英语国家的发展历史时,感慨万千,一方面她感叹创意写作学科发展的不易,由于其革命性而遭"孤立"、被边缘化的命运;另一方面她也对从事创意写作实践的学者、教师,重实践轻理论,感到不满,"哀其不幸怒其不争"。她的感叹引起了我的极大共鸣,简直有遇到"知音"的感觉。她说的是英语国家,但是中国何尝不是这样呢?她立志要改变这个现状,也正是我的想法。当然这本著作的价值远不止于此,比如,作者十分熟悉创意写作的实践进展,同样熟悉创意写作的学术研究领域,她的研究,既针对实践中的问题,同时也针对前人、前期研究的问题,做了客观的回应。著作文献综述以及问题的提出、解决,也给我们勾画了创意写作研究的学术版图,这对于我们了解英语国家的创意写作,提供了重要的线索。

拿到这本书后,我的第一反应是:翻译它!这还不够,我还要"吃透"它,并且让更多的人了解它。为此,我在本科生课程"作家工坊课"和研究生课程"创意写作基础理论文献研读"上都加入了研读它的环节,同时招募学生一起翻译它。有许多学生积极性很高,参与了进来,比如本科生有王梦迪、李倩、姚兰芳、马宁等,他们各自翻译了一部分;研究生班易文、张雪雨晴也各自翻译了一部分。我的想法是,学生们通过翻译,不仅加深对著作的理解,加深对创意写作的理解,同时也提高翻译能力,翻译结束后,大家资料共享,"人手一本书"。学生们翻译完之后,打印出来,做成了漂亮的书册。我把书册发到朋友圈,叫好声一片。从事创意写作教学的高校教师纷纷问这本书什么时候出版,他们一定购买。

这个时候我想到了出版,就开始联系出版社,但是好几个出版社隐隐约约传递出的信息是:学术著作不好卖,赔钱,能否赞助一点?我感到很悲愤,心想,这样一本优秀的书也要花钱出版吗?中国创意写作真是没救了,学术没救了!但就在这样一个情况下,拖了三四年,几乎就要不了了之的时候,在2018年事情有了变化,上海大学出版社愿意接手,将其作为"上海大学创意写作丛书(第二辑)"的一部分一并出版。这真令人兴奋。

后面的事情非常顺利,汪雨萌博士加入了我们学科。学生翻译得比较匆忙,作为作业非常棒,但是要说出版还欠火候。我的翻译也没底,于是就我请她作为这本书的第二翻译人,她十分乐意,后面的全面梳理包括最初翻译不准确的部分,都由她代劳。翻译完好,书名该如何定?关键处在于"学科"还是"学术科目",在于状语提前还是正常陈述句,我与雷勇、高尔雅、刘卫东、冯现冬等几人商讨了好久,最后定了下来:① "学术科目"。创意写作不仅是一门"学科"(这个地位已经有了),而且与其他学科一样,同样有自己的"学术"。其他学科不加"学术"是因为不言而喻,但是创意写作需要强调(但是好像有些心虚,类似于缺什么就炫耀什么)。② 状语提前,告诉读者,这本书极其重要的价值和意义不在于"创意写作研究",而在于把创意写作当作什么"学术科目"去研究。

在联系版权的过程中,江振新老师、徐雁华老师充分放手,给予我们许多"外交"权力。高尔雅博士一直全权代理,邮件往来,合同签署,忙前忙后,不辞辛劳(她为了学科的发展及建设,一直这样,我们似乎也习惯了)。好在黛安娜·唐纳利博士也希望著作可以早日出版,尽力配合,如我们所愿,非常感谢。

书稿要出版了,内心反而平静下来了,有感慨,有感谢,当然也有许多怀念。当然,书稿的出版不是结束,而是一个新的开始。对于我们而言如此,对于中国创意写作的学术研究也是如此。

2019 年 6 月 16 日